V&R

classica
Kompetenzorientierte lateinische Lektüre
Herausgegeben von Peter Kuhlmann

Band 14: Tacitus, Annales: Prinzipat und Freiheit
Bearbeitet von Frank Goldmann / Peter Kuhlmann

Tacitus, Annales: Prinzipat und Freiheit

Bearbeitet von Frank Goldmann / Peter Kuhlmann

Vandenhoeck & Ruprecht

Abbildungsnachweis

S. 10: Grabstein des Livius, © Livius.org – S. 23: Eingang zur Ruine des Mausoleums: ryarwood (https://de.wikipedia.org/wiki/Datei:Roma-mausoleo_di_augusto.jpg); Rekonstruktion des Mausoleums: www.romaculta.com – S. 25: Tempel für Roma und Augustus, ori (https://commons.wikimedia.org/wiki/File:MonumentumAncyranum28Nov2004.jpg) – S. 37: Relief der Aara pacis: akg-images – S. 49: Ruine der Villa Iovis auf Capri: akg-images / De Agostini Picture Lib. / L. Romano – S. 57: Karte: Ewan ar born (https://commons.wikimedia.org/wiki/File:Iron_Age_Italy-de.svg) – S. 61: Büste Nero: Wolfgang Sauber (https://commons.wikimedia.org/wiki/File:Stockholm_-_Antikengalerie_5_-_B%C3%BCste_Kaiser_Nero.jpg) – S. 63: Relief von Nero und Agrippina, © Leo Mauldin – S. 65: Der Schiffbruch Agrippinas: Botaurus (https://de.wikipedia.org/wiki/Datei:Gustav_Wertheimer_-_Der_Schiffbruch_der_Agrippina.jpg) – S. 69: As von 64 n. Chr.: Numismatica Ars Classica NAC AG, Zürich – S. 71: Reste nach dem Brand Roms: Eric Vandeville / akg-images – S. 73: Rekonstruktion der domus aurea: Josep R. Casals, © 2022 – S. 75: Alexamenos-Grafitto: https://commons.wikimedia.org/wiki/File:AlexGraffito.svg – S. 79: Der Tod des Seneca: https://commons.wikimedia.org/wiki/File:La_mort_de_seneque.jpg

Bibliografische Information der Deutschen Nationalbibliothek:
Die Deutsche Nationalbibliothek verzeichnet diese Publikation in der Deutschen Nationalbibliografie; detaillierte bibliografische Daten sind im Internet über https://dnb.de abrufbar.

Umschlagabbildung: Gagafoto@online.de

Satz: SchwabScantechnik, Göttingen
Druck und Bindung: ⊕ Hubert & Co. BuchPartner, Göttingen
Printed in the EU

Vandenhoeck & Ruprecht Verlage | www.vandenhoeck-ruprecht-verlage.com

ISBN 978-3-525-71161-3

Inhalt

I. Einleitung

II. Texte

Verfassungswechsel und Prinzipat des Augustus

Tiberius – ein Heuchler?

Claudius – ein verkannter Herrscher?

Nero – eine junge Künstlernatur als Princeps

Aufgaben der Geschichtsschreibung

III. Anhang

Liebe Schülerinnen und Schüler,

Tacitus ist zumindest in literarischer Hinsicht der wohl größte Historiker der römischen Antike. Berühmt ist er vor allem für seine scharfsinnigen psychologischen Analysen – wie kein Zweiter gibt er in seinen Werken Einblick in das Zusammenspiel von Macht, Politik und Interessen. In dieser Textausgabe lernen Sie die *Annalen* kennen. Darin behandelt Tacitus den Übergang von der Republik zum Prinzipat bis zur Regierung Neros. Die Darstellung der historischen Ereignisse nutzt Tacitus letztlich zu einer Abrechnung mit der Regierungsform des Prinzipats und der negativen Charakterisierung der jeweiligen Principes. Das Bild, das er von Kaisern wie Tiberius, Claudius und v. a. Nero entwirft, prägt noch heute unser Verständnis für diese Epoche.

Weil die Sprache des Tacitus mitunter nicht ganz einfach ist, wird in dieser Ausgabe nicht nur auf unterschiedliche Schwierigkeitsgrade hingewiesen (s. u.), sondern es werden auch des Öfteren ganze Texte oder einzelne Abschnitte zweisprachig oder in einer sprachlichen Vereinfachung präsentiert. Je nach Art der Textpräsentation finden Sie dann im Anschluss dazu passende Arbeitsaufträge und weiterführende Aufgaben.

Für die lateinischen Textstellen geben Ihnen die Buchstaben A, B, C hinter den Überschriften eine grobe Einschätzung des Schwierigkeitsgrades:

A leicht / viele Hilfen;
B mittelschwer;
C schwierig / weniger Hilfen.

Hinweise zur Grammatik/wichtige Vokabeln: Vor der Lektüre können Sie die in der Fußzeile angegebenen Grammatikthemen und wichtige Vokabeln wiederholen. Beides hilft Ihnen, den entsprechenden Text leichter zu verstehen.

Im Anhang finden Sie eine Stilmittelübersicht, ein Namensregister sowie den Lernwortschatz, der neben den speziellen Vokabeln für jedes Textstück auch eine Übersicht der wichtigsten übergreifenden Begriffe für die *Annalen* enthält. Die dort angegebene Auswahl ist zur Sicherung und Erweiterung Ihrer Wortschatzkenntnisse gedacht. Damit können Sie sich das Rüstzeug erarbeiten, um die Texte zu erschließen und kontextbezogen die passende Wortbedeutung zu finden. Wörter, die weder im Lernwortschatz enthalten noch als Hilfe angegeben sind, schlagen Sie im Wörterbuch nach.

Standards und Kompetenzen

Sprache: Ich kann ...

- Wort- und Sachfelder zu Themen wie Politik, Herrschaft, Wertbegriffe erstellen.
- Kenntnisse der Wortbildungslehre zur Worterschließung anwenden bei
  - von Adjektiven und Partizipien abgeleiteten Abstrakta *(-tas, -tia, -itia, -tudo)*
  - von Verben abgeleiteten Substantiven, die Handlungen bezeichnen *(-tio, -sio)*
  - Unterlassung der Assimilation (z. B. *con-legium*)
  - der Substantivierung von Adjektiven, Partizipien und Gerundiva im Singular und Plural des Neutrums zur Formulierung abstrakter Sachverhalte (z. B. *incredibilia*).
- Besonderheiten der Formenlehre identifizieren
  - *-ēre* statt *-ērunt,*
  - Wegfall von *-vi-* bzw. *-ve-* (z. B. *mutāstis, nuntiāsse*),
  - Akk. Pl. *-īs* statt *-ēs,*
  - Gen. Sg. *-ī* statt *-iī,*
  - Gen. Pl. *-um* statt *-ōrum* (z. B. *deum ~ deōrum*).
- komplexe Satzgefüge analysieren, erläutern und übersetzen (u. a. Perioden).
- Relativsätze ohne Bezugswort analysieren und übersetzen.
- die Verschränkung eines Relativsatzes mit einem AcI analysieren und angemessen übersetzen.

Text: Ich kann ...

- einen Tacitustext sprachlich und inhaltlich erschließen und eine angemessene Übersetzung verfassen.
- den historischen Infinitiv identifizieren und ihn angemessen übersetzen.
- stilistische Gestaltungsmittel benennen und ihre Funktion im Kontext erläutern, insbesondere Hauptelemente des taciteischen Stils nennen:
  - *brevitas* und *variatio* (Inkonzinnität; Abstraktum statt Konkretum),
  - unübliche Ausdrucksweise (Konjunktiv bei *quamquam;* kollektiver Singular; Dativus auctoris statt *ā/ab* mit Ablativ),
  - kontrastive Ausdrucksweise.
- einen Tacitustext im Hinblick auf gattungsspezifische Merkmale der Geschichtsschreibung analysieren.
- Tacitus' politische Grundeinstellung herausarbeiten, die sich an den traditionellen republikanischen Idealen orientiert, ihre Tauglichkeit im Prinzipat aber auch kritisch hinterfragt.
- Tacitus' Darstellung der *Annalen* als Beispiel einer pessimistischen, moralisierenden Geschichtsschreibung herausarbeiten (z. B. Tacitus' Charakterisierungen von Kaisern als Mittel der politischen Kritik):
  - Ideal der *libertas* (primär: Freiheit des Senates und der Senatoren),
  - Ideal der *virtus* (persönliche Bewährung der Senatsaristokratie in Krieg und Frieden zum Wohle und Ruhme des römischen Staates).

- Perspektiven und Handlungsmuster von Aktanten (wie den Kaisern, Mitgliedern des Kaiserhauses und Hofes oder Senatoren) analysieren, sie deuten und ggf. einen Perspektivwechsel vollziehen.
- aus lateinischen Texten römische Wertbegriffe, Kernbegriffe der Historiographie und die Stilisierung von Personen herausarbeiten und diese interpretieren.
- eigene Übersetzungen mit veröffentlichten Übersetzungen vergleichen und diese bewerten.
- Parallel- oder Kontrasttexte vergleichen und bewerten.
- Tacitustexte mit selbstständig recherchierten Rezeptionsdokumenten vergleichen und die spezifischen Darstellungsmittel herausarbeiten.

Kultur: Ich kann …

- Leben und Werk des Tacitus in Grundzügen beschreiben.
- Grundelemente der *res publica* und ihre Veränderung im Prinzipat, insbesondere die Beschränkung des Einflusses von Senat und Senatoren im Prinzipat erläutern.
- die Beschränkung der taciteischen Geschichtsschreibung auf die städtisch-senatorische Sichtweise (Widerspiegelung der Identitätskrise der Senatsaristokratie) beschreiben.
- die zentrale Stellung des Kaisers und seiner Biographie in den *Annalen* vor dem Hintergrund des politischen Systems des Prinzipats erklären.
- Darstellungsformen der historiographischen Großerzählung benennen: annalistische Struktur, narrative Passagen, Exkurs, Rede.
- exemplarische Inhalte des Themas »Prinzipat und Freiheit« darstellen und mich mit diesen kritisch auseinandersetzen.
- exemplarisch Nachwirkungen der römischen Kultur beschreiben und mich kritisch mit ihnen auseinandersetzen.
- bei der Auseinandersetzung mit der römischen Kultur fremde und eigene Wertvorstellungen vergleichen, sie kritisch überprüfen und sie zukunftsfähig modifizieren.

Übergreifende Leitfragen für die Textanalyse

Sie können einzelne Kapitel der *Annalen* auch selbstständig analysieren. Folgende grundlegenden Aspekte und Fragestellungen sollten Sie dabei im Blick haben:
- Position im Werk und Kontext: Zu welchem größeren Block (s. S. 12) gehört der Text? Was passiert vorher, was folgt darauf?
- Titel und Zusammenfassung: Finden Sie eine passende Überschrift für das Kapitel und fassen Sie den Inhalt in eigenen Worten zusammen.
- Gliederung und Aufbau: Welche Struktur weist der Text auf?
- Stil und Sprache: Welche sprachlichen Besonderheiten weist der Text auf?
- Charakterisierung: Wie werden die jeweiligen Principes oder andere Personen dargestellt?
- Leserlenkung/Wertungen: Welche Wertungen möchte Tacitus beim Lesepublikum erzeugen? Wie erreicht er das?

Tacitus: Leben und Werk

Leben

Der Lebenslauf des Historikers, Redners und Senators Tacitus lässt viele Fragen zu seiner Herkunft und Karriere offen. Durch Kombination der autobiographischen Informationen aus seinen eigenen Werken, den Mitteilungen anderer Schriftsteller – insbesondere aus den Briefen seines Freundes und Bewunderers Plinius des Jüngeren – sowie der Angaben in mehreren Inschriften – u. a. der neuen Interpretation einer seit 1913 bekannten Grabinschrift aus Rom – ergibt sich folgendes Bild.

Sein Vorname *(praenomen)* war höchstwahrscheinlich Publius, der Familienname *(nomen gentile)* Cornelius und sein Beiname *(cognomen)* Tacitus. Er stammte aber nicht aus der altehrwürdigen stadtrömischen Patrizierfamilie der Cornelier, sondern aus einem lange Zeit keltischen Gebiet, entweder aus der Transpadana in Oberitalien, dem nördlich des Po gelegenen Teils der Provinz Gallia Cisalpina, oder aus der Provinz Gallia Transalpina bzw. Narbonensis, dem heutigen Südfrankreich. Geboren wurde er zwischen 55 und 58 n. Chr. Sein Vater (oder Onkel) diente als kaiserlicher Prokurator, ein Amt, das von Rittern ausgeübt wurde. Tacitus stammte also nicht aus dem Senatoren-, sondern aus dem Ritterstand, der seit Augustus mehr und mehr in den kaiserlichen Dienst und die Reichsverwaltung einbezogen wurde. Angesichts des Mindestvermögens, das ein Ritter haben musste, war seine Familie sehr wohlhabend.

Grabstein des Tacitus, Museo Nazionale Romano (© Livius.org).

Der Tod Neros im Jahr 68 hatte nicht nur das Ende der julisch-claudischen Dynastie, sondern auch einen Bürgerkrieg zur Folge, in dem mehrere Kandidaten mit ihren Heeren um die offene Thronfolge kämpften. Als neuer Kaiser durchsetzen konnte sich Vespasian, der die flavische Dynastie begründete. Die Wirren des Vierkaiserjahres 69 dürften den jungen Tacitus stark geprägt haben. Wie viele Ritter, die weiter aufsteigen wollten, ging er zur Ausbildung als Redner nach Rom und studierte dort bei den beiden seinerzeit berühmtesten Rhetoren. Plinius lobt Tacitus' Redekunst zweimal als *eloquentissime.* Im Konsulatsjahr des Gnaeus Iulius Agricola (76 oder 77) verlobte er sich mit dessen Tochter. Dass er in diese Familie einheiraten konnte, hat Tacitus' steile Karriere unter den drei flavischen Kaisern sicherlich begünstigt. Denn obwohl er als erster seiner Familie in den Senat aufgenommen wurde, erreichte er das auch in der Kaiserzeit immer noch prestigeträchtige Konsulat.

Sein erstes Amt war ein typischer Eingangsposten für die spätere senatorische Laufbahn *(cursus honorum):* Er war Mitglied im Zehnmännerkollegium für Rechtsprechung *(decemvir stlitibus iudicandis),* dann folgte wohl der Dienst als Militärtribun in einer Legion. Zurück in Rom übernahm er (80 oder 81) unter Vespasians älterem Sohn und Nachfolger Titus das erste senatorische Amt, die Quästur, und zwar als einer von nur zwei oder vier der

20 Quästoren, die als eine Art persönlicher Referent des Kaisers eine besondere Vertrauensposition innehatten *(quaestor Augusti)*. Nach dem üblichen Intervall von ein oder zwei Jahren wurde er Volkstribun *(tribunus plebis)*. Sicher datiert ist Tacitus' Prätur im Jahr 88 durch ein Selbstzeugnis: Er erwähnt, dass er an den Säkularspielen des Kaisers Domitian zur 900-Jahrfeier der Gründung Roms in doppelter Funktion teilnahm, als Prätor und Mitglied eines der vier hohen römischen Priesterkollegien *(quindecimvir sacris faciundis)*. Es folgte eine vierjährige Abwesenheit von Rom (wohl als Legionskommandant in einer Provinz), sodass er am Begräbnis Agricolas im August 93 nicht teilnehmen konnte. Die Ermordung Domitians und das Ende der flavischen Dynastie bedeuteten keinen Bruch in seiner Karriere. Unter dem neuen Kaiser Nerva wurde Tacitus im Jahr 97 Konsul und erhielt die ehrenvolle Aufgabe, die Rede *(laudatio funebris)* beim Staatsbegräbnis des dreimaligen Konsuls Verginius Rufus zu halten. In den Jahren 99–100 vertraten Tacitus und Plinius als Ankläger erfolgreich die Interessen der Provinz Africa im Prozess gegen deren früheren Statthalter Marius Priscus. Zweiter Höhepunkt der Laufbahn des Tacitus nach seinem Konsulat war das Prokonsulat in Asia, dem Westen der heutigen Türkei (höchstwahrscheinlich 112/113) – die Statthalterschaft in dieser Provinz galt als besondere Auszeichnung durch den Kaiser. Also hat auch Trajan, der von Nerva adoptiert worden war, und seit 98 regierte, Tacitus seine Gunst erwiesen. In den ersten Jahren der Herrschaft Hadrians (um 120) starb Tacitus, der vor seinem Tod nicht nur auf eine außergewöhnliche politische Karriere zurückblicken konnte, sondern auch bereits zu Lebzeiten als Schriftsteller Berühmtheit erlangt hatte.

Werke

Tacitus begann nach seinem Konsulat damit, sich auch der Schriftstellerei zu widmen. Im Jahr 98 veröffentlichte er sein Erstlingswerk *Agricola*, eine Biographie seines Schwiegervaters, vor allem über dessen Statthalterschaft in Britannien, die auch Züge einer historischen Monographie aufweist. Im Vorwort (Proömium) kontrastiert er das neue *beatissimum saeculum* unter Nerva und Trajan mit den Jahren der Knechtschaft und des Schweigens unter Nero und Domitian. Tacitus ehrt Agricola als *exemplum*, wie man auch unter einem schlechten Kaiser Rom dienen und *virtus* beweisen kann. Noch im selben Jahr erschien die ethnographische Schrift *Germania* mit einem ersten allgemeinen Teil über Herkunft und Sitten der Germanen und einem zweiten mit einer näheren Charakterisierung einzelner Stämme. Da es kein Proömium oder explizite Aussagen zur Autorenintention an anderer Stelle gibt, findet man zahlreiche, z. T. gegensätzliche Deutungen: Wollte Tacitus Trajan zu einem Krieg gegen die Germanen ermutigen oder davon abraten oder der römischen Elite eine Grundlage für eine Diskussion darüber liefern oder lediglich erklären, warum die Germanen sich so lange erfolgreich der römischen Eroberung widersetzen konnten? Der *Dialogus de oratoribus* wurde 102 oder bald darauf veröffentlicht und steht inhaltlich und stilistisch in der Tradition Ciceros. Tacitus lässt Senatoren der flavischen Zeit ein fiktives Streitgespräch über die Gründe für den Niedergang der Redekunst führen. Nach diesen drei kleinen Schriften wandte sich Tacitus ganz der Geschichtsschreibung zu und verfasste zwei große Werke über die römische Geschichte vom Ende des Augustus bis zu seiner Zeit, die *Annalen* und die *Historien* – mehr dazu auf der folgenden Doppelseite.

Aufbau, Gattung und Ziele der *Annalen* – sowie ein Blick auf die *Historien*

Die Historien

Sein erstes Hauptwerk schrieb Tacitus etwa von 105–109 n. Chr. Der Titel *historiae* zeigt bereits, dass es sich um Zeitgeschichte handelt (s. S. 13), die Geschichte des Vierkaiserjahres und die der flavischen Dynastie, also die Jahre 69–98. Von den ursprünglich 14 (oder 12) Büchern sind nur noch die ersten vier und die erste Hälfte des fünften Buches erhalten, die das Jahr 69 und die ersten Monate des Jahres 70 behandeln. Wie in den Annalen nutzt er die annalistische Form, spielt aber auch mit ihr, indem er z. B. die chronologische Erzählung mit Rückblicken durchbricht. Plinius prophezeite dem Werk schon während seiner Entstehung Unsterblichkeit. Im Proömium konstatiert Tacitus, dass mit dem Beginn der Alleinherrschaft in Rom die großen Talente in der Geschichtsschreibung verschwanden und die Wahrheit aus Unkenntnis des Staatswesens sowie aus Schmeichelei und Hass auf die Herrscher entstellt worden sei. Er dagegen bekennt sich zu einer *incorrupta fides* und wolle keine Person mit *amor* oder *odium* darstellen, auch wenn er seine Karriere allen drei flavischen Kaisern, auch Domitian, verdanke. Dass er seine Ankündigung, im Alter über die glücklichen Zeiten unter Nerva und Trajan schreiben zu wollen, nicht wahrmacht, muss keine Distanzierung von Trajan oder Hadrian bedeuten, sondern war womöglich nur ein floskelhaftes Versprechen. Stattdessen blickte er weiter in die Vergangenheit zurück und schrieb die Annalen.

Gliederung der Annalen

Die Annalen gliedern sich recht klar nach den Regierungszeiten der jeweiligen Principes:

Buch, Kapitel	**Grobstruktur**
1,1–5	Kurzabriss der römischen Geschichte bis zum Ende des Augustus (14 n. Chr.)
1,6–6,51	Tiberius (14–37 n. Chr.)
7–10: Lücke	*Caligula, Claudius bis 47 n. Chr.*
11–12	Claudius (bis 54 n. Chr.)
13–16	Nero (54–66 n. Chr.)
Schluss fehlt	*Neros Ende (67–68 n. Chr.)*

Die Übersicht zeigt, dass das Werk sich der Geschichte der julisch-claudischen Dynastie widmet, die Zeit des ersten Princeps Augustus aber nur in einem kurzen Rückblick behandelt. Dies belegt auch der ursprüngliche Titel der *Annales: Ab excessu divi Augusti libri.* Wie die Historien sind sie nicht vollständig erhalten, wenn auch weniger fragmentarisch. Die 16 (oder 18) Bücher umfassten fast doppelt so viele Jahre wie die Historien, hatten aber nur zwei (oder sechs) Bücher mehr als die Historien. Die Darstellung in den Annalen wird also teilweise weniger detailliert gewesen sein.

Die Gattung: Was sind *»Annalen»?*

Für die römische Geschichtsschreibung sind drei Untergattungen zentral:

a) *Annalen:* Die Annalen bzw. lat. *annales* (< *annus* »Jahr«) waren ursprünglich öffentlich als Tafeln auf dem Forum aufgestellte Priesterakten, in denen die römischen Oberpriester *(pontifices maximi)* die wichtigsten sakralen und politischen Ereignisse eines Jahres aufzeichneten (Vorzeichen, Amtsinhaber u. ä.). Daraus entwickelte sich die literarische Gattung einer nach Jahren vorgehenden Geschichtsschreibung in Rom. Ein zentrales Beispiel ist das Geschichtswerk des Livius, der am Beginn seiner Bücher die wichtigsten Prodigia (Vorzeichen) und neu besetzten Magistraturen verzeichnet.

b) *Historische Monographie:* Hierbei handelt es sich um eine zeitlich begrenzte Darstellung mit einem Hauptthema. Das klassische Beispiel für eine historische Monographie ist die *Coniuratio Catilinae* (»Catilinarische Verschwörung«) des Sallust (86 – ca. 35 v. Chr.), die nur den engen Zeitraum der Umsturzversuche des römischen Adligen Catilina zur Zeit von Ciceros Konsulat 63 v. Chr. näher beschreibt.

c) *Historiae als Zeitgeschichte:* Der mehrdeutige Begriff *historia* (s. S. 16) wird in Rom nicht nur als Oberbegriff für Geschichtswerke verwendet, sondern auch für Werke, die in annalistischer Form die Geschichte der Lebenszeit ihrer Verfasser darstellten. Schon lange vor Tacitus hat auch Sallust *historiae* geschrieben, von denen aber nur wenige Fragmente und einige Reden erhalten sind.

Tacitus verbindet in seinen *Annalen* im Grunde mehrere Gattungen: Einerseits geht auch er in seiner historischen Darstellung prinzipiell nach Jahren vor und verzeichnet oft an den Buchanfängen die neu gewählten Konsuln und wichtige Vorzeichen wie Erdbeben u. ä.; andererseits konzentriert sich seine Darstellung aber immer thematisch eng auf die Geschichte einzelner Kaiser, was eher der historischen Monographie und zugleich der Biographie entspricht. Die römische Geschichte wird also bei Tacitus zu einer biographisch geprägten Kaisergeschichte.

Die Zielsetzung: Wieso schrieb Tacitus die *Annalen?*

Tacitus führt im Werk selbst an einigen Stellen Gründe dafür an, wieso er sich der Abfassung der Schrift widmet: Die Nachwelt soll von vortrefflichen Leistungen genauso erfahren wie von schlechten Worten und Taten, auch wenn die traurigen Zeiten, über die er schreibe, nicht mit den gewaltigen Kriegen und Eroberungen oder den inneren Auseinandersetzungen in der Republik zu vergleichen seien. Er deutet die Kaiserzeit als eine Epoche des Niedergangs. Auch wenn er keine Alternative zum Prinzipat sah, kritisierte er doch die Principes oder Senatoren, deren moralische Qualitäten seiner Prüfung nicht standhielten.

Tacitus ist ein typischer Vertreter der senatorischen Geschichtsschreibung, er schreibt also aus der Perspektive von »Aristokraten, denen die monarchische Ordnung des Augustus und der Kaiser als das Ende ihrer Freiheit und ihres Monopols, die Geschicke Roms zu lenken, erscheinen konnte«, so der Althistoriker Uwe Walter. Hier sind es einmal nicht die Sieger, sondern die Verlierer, die Geschichte schreiben und deuten.

Stil und Sprache

Die Silberne Latinität

Tacitus gehört der Epoche der sogenannten »Silbernen Latinität« an. Damit wird die Epoche lateinischer Schriftsteller von ca. 50–170 n. Chr. bezeichnet, die auf die vermeintliche »Goldene Zeit« der lateinischen Literatur (die Zeit von Cicero, Cäsar, Vergil, Horaz u. a.) folgte. Neben Tacitus gehören z. B. noch Seneca, Plinius und Apuleius zu den Prosa-Schriftstellern dieser Epoche. Insgesamt impliziert der Begriff »Silberne Latinität« allerdings ein gewisses Dekadenzmodell, demzufolge die Schriftsteller dieser Zeit das als Norm und Ideal verklärte Latein der »Goldenen Latinität« nicht mehr erreichen – moderne Sprachwissenschaftler interessieren sich eher für den Wandel von Sprache, vermeiden qualitative Wertungen und lehnen eine solche Kategorisierung daher ab.

Es lassen sich einige typische Merkmale für Sprache und Stil dieser Zeit feststellen, die bei vielen Autoren auftauchen. Darunter fallen unter anderem auffällige Anlehnungen an eine poetische Ausdrucksweise (z. B. dichterische Wendungen, Sätze im Versrhythmus, Wortschöpfungen bzw. Neologismen) sowie eine Neigung zur sogenannten ABUNDANTIA DICENDI (»Wortfülle«), was bedeutet, dass häufig Pleonasmen bzw. Tautologien (Wortreichtum ohne zusätzlichen Informationsgewinn) zu finden sind. Außerdem lässt sich oft INKONZINNITÄT (lat. *variatio*) beobachten, das heißt, der Autor weicht bewusst von einem parallelen, gleichförmigen Satzbau ab – etwas, was z. B. Cicero kaum macht. Auch die WORTSTELLUNG ist mitunter ungewöhnlich, etwa weil das Prädikat öfter bereits am Satzanfang zu finden ist oder weil *Ablativi absoluti* nicht vorn oder in der Mitte, sondern hinten an Sätze angehängt werden.

Sonderstatus des Tacitus

Tacitus' Stil und Sprache galten schon in der Antike als komplex und anspruchsvoll. Noch heute sind sich Forscher bei vielen Textpassagen nicht sicher, was Tacitus eigentlich genau gemeint hat. Seine Sprache ist im Ganzen sehr elaboriert und gilt als hohe Kunstprosa. Die folgenden, typisch taciteischen Merkmale sollten Sie kennen:

- **Prägnanz und Kompaktheit** des Ausdrucks

Tacitus verwendet kaum einmal ein überflüssiges Wort. Seine Werke sind in einer unglaublichen »Dichte« geschrieben: Kennzeichnend dafür ist eine teilweise geradezu extreme *brevitas* (Kürze), z. B. durch viele Ellipsen und das Weglassen von Konnektoren. Hinzu kommt eine Vorliebe für kurze Sätze, abstrakte Ausdrucksweise und eingestreute Sentenzen, was ebenfalls für Prägnanz sorgt.

- **»Hinterlastigkeit«** bzw. **Technik der »verengenden Vertiefung»**

Eine Spezialität des Tacitus – hierin ist er einzigartig unter den großen lateinischen Schriftstellern – ist es, an relativ kurze, eigentlich abgeschlossene Sätze unerwartet und überraschend noch einen oder sogar mehrere Nachträge zu hängen, die eine frappierende Wirkung erzielen. Nicht selten findet sich die entscheidende, eigentliche Botschaft, um die es Tacitus wirklich geht, erst hier in solchen schrittweise entfalteten Nachträgen:

Nec minus properato Narcissus, Claudii libertus, *de cuius iurgiis adversus Agrippinam rettuli,* *aspera custodia et necessitate extrema ad mortem agitur,* *invito principe,* *cuius abditis adhuc vitiis per avaritiam ac prodigentiam mire congruebat.* *(Tac. ann. 13,1,3)*	Nicht weniger eilig wurde Narcissus, Freigelassener des Claudius, über dessen Streitigkeiten mit Agrippina *(= Neros Mutter)* ich berichtet habe, durch strenge Haft und äußersten Mangel in den Tod getrieben – entgegen dem Willen des *princeps*, mit dessen noch verborgenen Lastern er durch seine Habgier und Verschwendung erstaunlich gut zusammenpasste.

Nach *agitur* ist der Satz eigentlich abgeschlossen – die vermeintlich lockeren Nachträge in Form eines Abl. abs. und eines davon abhängenden Relativsatzes enthalten aber die Kernbotschaften, nämlich die zunehmende Entfremdung zwischen Nero und seiner Mutter Agrippina sowie die allmähliche, im Folgenden von Tacitus vollzogene Enthüllung Neros vieler Laster.

- **Prätentiöse Hintergründigkeit**

Es drängt sich mitunter der Eindruck auf, dass Tacitus gar nicht für jeden Leser verständlich schreiben will. Seine Sprache wirkt oftmals bewusst hintergründig und teilweise rätselhaft, sodass man als Leser dann tatsächlich nur erahnen kann, was gemeint ist. Diesem nach außen gerichteten Anspruch (Prätention) seiner Texte liegt häufig eine düstere und pessimistische Grundhaltung zugrunde – Tacitus schreibt über (aus seiner Sicht) moralisch pervertierte Zeiten und dramatische Zustände; vor diesem Hintergrund scheint es zu passen, den Leser durch eine gewählte, unübliche Audrucksweise gedanklich ins Stolpern zu bringen und einen glatten, leichten Lesefluss zu verhindern.

- **Suggestion und Leserlenkung**

Tacitus ist bekannt für sein selbst vorgebrachtes Motto, Geschichte *sine ira et studio* (»ohne Zorn und Parteinahme«) zu schreiben. Das bedeutet aber gerade nicht, dass er stets objektiv ist. Andeutungen, Gerüchte und selektive Informationsvergabe spielen in seinen Werken eine wichtige Rolle. Auf diese Weise lenkt Tacitus die Meinung des Lesers, ohne den Kopf dafür hinzuhalten.

- **Schwarz-Weiß-Malerei**

Anders als bei modernen historischen Abhandlungen fehlen bei Tacitus nahezu durchgängig differenzierende Abwägungen. Gut und Böse sind in der Regel klar erkennbar, was die Darstellung insgesamt mitunter holzschnittartig wirken lässt. Dem Leser wird das durch zahlreiche wertende Begriffe sowie eine stark kontrastive Ausdrucksweise verdeutlicht, sodass man oft vor einer genauen Übersetzung schon weiß, welchen Eindruck Tacitus erzeugen will.

Geschichte, moderne Geschichtswissenschaft und antike Geschichtsschreibung

Was ist Geschichte?

Der von Cicero als *pater historiae* titulierte griechische Geschichtsschreiber Herodot verwendete den Begriff *historie* (ἱστορίη im ionischen bzw. ἱστορία im attischen Griechisch) gleich im ersten Satz seines Werkes. Den geläufigen Bedeutungen des lateinischen Lehnwortes *historia* ›Geschichte‹, ›Geschichtswerk‹ und ›Geschichtsschreibung‹ zugrunde liegen bei Herodot die Wortbedeutungen ›Erforschen‹ oder ›Nachforschung‹, was bereits zeigt, dass Geschichte nicht einfach mit der Vergangenheit gleichzusetzen ist, sondern das Erforschen der Vergangenheit meint. Also sind es die Historiker, die Geschichte »machen«, und Geschichte kann als ein – wenn auch einseitiger – Dialog zwischen Gegenwart und Vergangenheit angesehen werden. »Als Rekonstruktion ist Geschichte nicht die Vergangenheit oder ein Bild von ihr, sondern eine thesenhafte und ausschnitthafte Vorstellung davon, wie zeitlich zurückliegende (also geschichtliche) Dinge, Ereignisse und Handlungen ausgesehen haben mögen, in welchen Kontexten sie gestanden haben«, so der Historiker Stefan Jordan[1].

Was ist Geschichtswissenschaft?

Der Weg zur Verwissenschaftlichung der Geschichte begann erst in der Zeit der Aufklärung und setzte sich mit dem Historismus im 19. Jahrhundert durch. Heute scheint die Geschichtswissenschaft die berühmte Zeile Leopold von Rankes, sie wolle bloß »zeigen, wie es eigentlich gewesen« sei, längst hinter sich gelassen zu haben. »Sie soll vielmehr zu Einsichten führen, die neue Erfahrungen ermöglichen und Impulse vermitteln, die zukunftsgestaltendes Handeln freisetzen, das Begonnenes fortsetzen, korrigieren oder abbrechen kann. So gesehen wird die Geschichtswissenschaft zu einer praktischen, emanzipatorischen und kritischen Wissenschaft.«[2] So definiert der Historiker Hans-Jürgen Goertz die Aufgaben der Geschichtswissenschaft. Dem gegenüber steht allerdings ein Konzept, das eine solche aufklärerische ›politische Pädagogik‹ ablehnt und das Vergangene nur nach den Maßstäben der Menschen aus der untersuchten Epoche bewertet.

Zu den Minimalanforderungen von Wissenschaftlichkeit schreibt wiederum Goertz:

»1. Der wissenschaftliche Umgang mit Geschichte legt über das Interesse, mit dem es sich Vergangenem zuwendet, Rechenschaft ab (Erkenntnisinteresse, Standortgebundenheit, Perspektive). […]

2. Der wissenschaftliche Umgang zeichnet die Wege nach, auf denen der historische Stoff auf uns gekommen ist (Überlieferungskritik), und prüft die Forschungsgeschichte (Literaturkritik). Er erschließt sich das Quellenmaterial (Heuristik), überprüft die Authentizität der Quellen (Quellenkritik), auf die sich das historische Urteil gründet, bemüht sich, eventuelle Widersprüchlichkeiten im Quellenmaterial aufzulösen, und analysiert die Darstellungsweisen der Geschichtsschreibung.

3. Wissenschaftlicher Umgang mit Geschichte ist methodisch reflektierter Umgang. […] Dadurch wird die Zuverlässigkeit historischer Aussagen erhöht und intersubjektive Nachprüfbarkeit solcher Aussagen ermöglicht. […]

4. Der wissenschaftliche Umgang kontrolliert und verfeinert die Methoden, wenn sie sich in der Praxis als ungeeignet, ungenau oder zu grob erweisen sollten (z. B. Verwendung von Theorien bzw. Erklärungsmodellen). Er revidiert oder verändert die Perspektiven, unter denen historische Sachverhalte betrachtet werden, wenn einschlägige Argumente dafür sprechen. Geschichtswissenschaftliche Urteile sind vorläufig bzw. hypothetisch; sie sind *grundsätzlich* revidierbar: […]

5. Der wissenschaftliche Umgang wacht über die Art und Weise, in der historische Argumente heute außerhalb der Geschichtswissenschaft Verwendung finden, und kritisiert einen Umgang mit Geschichte, der das Vergangene deformiert oder falsch repräsentiert, soweit das die Anwendung wissenschaftlich reflektierter Methodik zu erkennen gibt.«[3]

Was kennzeichnet die antike Geschichtsschreibung?

Auch wenn antike Historiker wie Thukydides oder Polybios hohe methodische Maßstäbe aufgestellt haben, und Cicero in seinem Werk *de oratore* als *prima lex historiae* nennt, nicht zu wagen, etwas Falsches zu sagen oder Wahres zu verschweigen, und ergänzt, dass beim Schreiben weder Sympathie noch Feindseligkeit vorhanden sein solle, war Geschichtsschreibung bei Griechen und Römern immer zunächst ein literarisches Kunstwerk und weit von den modernen wissenschaftlichen Maximen entfernt. In der Zeit des Hellenismus blühten dann auch Zweige der Gattung, die als rhetorische und tragische Geschichtsschreibung bezeichnet werden, die sich also entweder besonders der stilistischen Ausgestaltung des Werkes widmeten oder das Publikum wie eine Tragödie fesseln und erschüttern sollten. Die sogenannte pragmatische Geschichtsschreibung des Polybios, die das Publikum stattdessen durch die Analyse kausaler Zusammenhänge belehren wollte, kann sicherlich nicht als »mainstream« gelten. Diese drei Strömungen beeinflussten die römische Historiographie, die erst um 200 v. Chr. entstand. Da die römischen Historiker zumeist Senatoren waren, die sich nach der politischen Karriere der Schriftstellerei widmeten, stellten ihre Werke häufig eine Fortsetzung der Politik mit literarischen Mitteln dar. Sie waren von ihrer standesspezifischen Perspektive geprägt und sollten durch *exempla* moralische Orientierung bieten.

Gattungsmerkmale antiker Geschichtswerke sind außer den vorherrschenden erzählenden Passagen ein Proömium, das über den Autor, seine Ziele, das Thema Auskunft geben und sich auch mit den Werken der Vorgänger auseinandersetzen kann, Personenporträts, Exkurse, z. B. über den geographischen oder historischen Kontext, und Reden. Letztere konnten sich an wirklich gehaltenen Reden orientieren, wurden dann aber inhaltlich wie sprachlich überarbeitet und ganz im Stil des Historikers verfasst, sie konnten aber auch erfunden werden.

Anm. 1: S. Jordan: Geschichtswissenschaft, Version 08.06.2022, 09:10 Uhr, in: Staatslexikon[8] online, URL: https://www.staatslexikon-online.de/Lexikon/Geschichtswissenschaft (abgerufen: 28.08.2022)
Anm. 2 und 3: Hans-Jürgen Goertz, Geschichte – Erfahrung und Wissenschaft. Zugänge zum historischen Erkenntnisprozess, in: Ders. (Hrsg.), Geschichte – Ein Grundkurs, Reinbek bei Hamburg [3]1998, S. 41–43.

Von den Iden des März bis zur Begründung des Prinzipats

Der Althistoriker Jochen Bleicken (1926–2005) schildert diese Zeit des Umbruchs nach der Ermordung Caesars am 15. März 44 v. Chr. so:

Schon die ersten Tage nach der Ermordung Caesars zeigten, daß die alte aristokratische Gesellschaft nicht mehr fähig war, die politischen Geschicke wieder in die Hand zu nehmen. Caesarmörder und Caesarianer, unter ihnen der sich jetzt vordrängende Konsul M. Antonius [...], vereinbarten bereits am 17. März einen Ausgleich, der einem Verzicht der Attentäter auf ihre Ziele gleichkam. [...] Antonius, der die Volksversammlungen in der Hand hatte, ließ sich nun das jenseitige und diesseitige Gallien auf fünf Jahre [...] übertragen; die Mörder hingegen erhielten nur unwichtige Gebiete als Provinzen. Als Brutus und Cassius in den Osten abgingen, um hier unter Nichtachtung der von Antonius durchgesetzten Volksbeschlüsse auf eigene Faust den Widerstand zu organisieren, schienen die Fronten abgesteckt.

In Rom, das von den Caesarmördern bereits aufgegeben worden war, begann jedoch Cicero den Widerstand zu organisieren, und so erwuchs Antonius in dem von ihm bereits als Einflußzone betrachteten Kerngebiet des Reiches ein erbitterter Gegner. Weitgehend auf sich allein gestellt, hielt Cicero seit dem 2. September seine Reden gegen Antonius [...]. In Italien erhoffte er sich dabei Unterstützung von dem jungen C. Octavius, einem Großneffen Caesars, der durch testamentarische Adoption der Sohn Caesars geworden war und sich nun C. Julius Caesar (Octavianus) nannte. Octavian betrachtete sich als Erben Caesars, und die Menschen in der Hauptstadt und die Veteranen Caesars strömten ihm als dem Namensträger ihres geliebten Patrons zu. Da er der natürliche Rivale des Antonius war, unterstützte Cicero [...] dessen militärischen Ehrgeiz, und nachdem sich auch die neuen Konsuln des Jahres 43 [...] dem Senat unterstellt hatten, schien eine Koalition gegen Antonius zustande gekommen zu sein. Schon im Frühjahr begannen die verfeindeten Parteien mit militärischen Operationen in Oberitalien, wo Antonius auch bald geschlagen werden konnte, [...]; doch die beiden Konsuln fielen im Kampf, und unmittelbar darauf zeigte es sich, daß Octavian kein gewachsener Bundesgenosse der Republik, sondern nur ein Rivale mehr unter den Militärpotentaten war: Als Antonius nach Westen entwich und sich dort mit dem Statthalter M. Aemilius Lepidus zusammentat, schloss Octavian sich ihnen an. Der Wechsel war ihm den Verrat an der Senatspartei wert; war er doch nun von den Caesarianern offiziell anerkannt.

Octavian besetzte daraufhin im August Rom, ließ dort durch ein Gesetz [...] die Caesarmörder ächten und erstickte damit jeden weiteren Widerstand der Senatspartei. Im November 43 berieten sich dann die drei siegreichen Caesarianer, Antonius, Lepidus und Octavian, [...] und kamen überein, eine gesetzlich abgesicherte gemeinsame Herrschaft, eine Art dreistellige Militärdiktatur auf fünf Jahre (bis 38) zu gründen. Die Triumvirn nannten sich ›Dreimännerkollegium zur Wiederaufrichtung des Staates‹ *(tresviri rei publicae constituendae)*. [...] Die Drei beschlossen auch eine grausame Abrechnung mit allen politischen Gegnern nach dem Muster der sullanischen Proskriptionen und begannen noch im Jahre 43 mit einem furchtbaren Gemetzel unter den Vornehmen Roms. Etwa 300 Senatoren und 2000 Ritter fanden den Tod; auch Cicero wurde am 7. Dezember 43 ein Opfer des Blutrauschs. Diese Proskriptionen bedeuteten das physische Ende der alten Aristokratie; was übrig blieb, war zur Übernahme der Regierung schon zahlenmäßig nicht mehr in der Lage.

Antonius und Octavian rüsteten darauf energisch zum Krieg gegen die Caesarmörder. [...] In der Doppelschlacht von Philippi [...] in Nordgriechenland fiel die Entscheidung; Brutus und Cassius wurden vernichtend geschlagen und nahmen sich daraufhin das Leben. Das einzige Ergebnis des Attentats auf Caesar war, wie sich nun zeigte, daß die Welt jetzt drei anstatt eines Herrn hatte. [...]

Das folgende Jahrzehnt ist erfüllt von der Rivalität der Gewaltherrscher. [...] Neue Komplikationen traten auf, als deutlich wurde, daß sich Sex. Pompeius, der [...] jüngere Sohn des großen Pompeius, als militärische Potenz im Kartell der Militärbarone behaupten konnte; er beherrschte damals mit einer großen Flotte weite Teile der westlichen Meere. [...] Der überwiegend an der Küste und im Inneren der Insel Sizilien geführte Kampf endete schließlich mit einem glänzenden Seesieg des M. Vipsanius Agrippa, des herausragenden Generals und Admirals Octavians, bei Naulochus an der Nordostküste Siziliens (36). [...] Octavian und Antonius haben sich nach vielerlei Reibereien anläßlich einer persönlichen Begegnung bei Tarent erneut verglichen (37). Sie kamen u. a. auch überein, das Triumvirat um weitere fünf Jahre zu verlängern. Lepidus [...] büßte seinen politischen Ehrgeiz mit dem Einzug seiner Provinzen; er blieb zwar am Leben und behielt auch bis zu seinem Tode 12 v. Chr. das Oberpontifikat, doch mußte er sein Leben in der Verbannung [...] verbringen. Das römische Reich verwalteten Octavian und Antonius nunmehr allein, der erstere den westlichen (und darunter auch Italien), der andere den östlichen Bereich des Imperiums.

Die beiden Herrscher begannen sich immer deutlicher auf den Ausbau ihrer Reichshälften zu konzentrieren; Antonius schien sich dabei bisweilen hellenistischen Praktiken der Staatsführung zu nähern. [...] Der Anschein wurde genährt durch seine enge persönliche Verbindung zu Kleopatra, der Königin von Ägypten (36). [...] Mangelnde politische Aktivität und allzu starkes Engagement im Hof- und Privatleben entfremdete ihn zusehends dem Westen und stärkte die Position Octavians, der sich zwischen 35 und 33 in Illyrien endlich auch die überfälligen kriegerischen Lorbeeren geholt [...] hatte. Die Gegensätze wuchsen, und die militärische Entscheidung schien bald unausweichlich. [...] In einer gewaltigen Seeschlacht wurde er [d. h. Antonius] am 2. September 31 am Vorgebirge Actium in Westgriechenland von Octavian oder richtiger von dessen General M. Vipsanius Agrippa geschlagen. Er flüchtete nach Ägypten. Als Octavian dort im folgenden Jahr erschien, gab sich erst Antonius, dann auch Kleopatra den Tod. [...]

Der Ausgleich mit der Vergangenheit, und das hieß insbesondere mit der Aristokratie, durfte sich [...] nicht auf den monarchischen Gedanken stützen, sondern verlangte umgekehrt die möglichst gute Einkleidung der monarchischen Struktur, [...]. Octavian hat diesen Ausgleich dann im Jahre 27 vollzogen, indem er seine politische Macht in die Formen der alten *res publica* kleidete. Mit dieser neuen Staatsform, dem Prinzipat, beginnt die Geschichte der römischen Kaiserzeit. Augustus, wie Octavian seit 27 v. Chr. auf Beschluß des Senats genannt wurde, ist der erste Monarch der neuen Ordnung, aber er wie die Senatsaristokratie wollte in ihr nicht den Beginn einer neuen, sondern die Fortsetzung der alten Ordnung *(res publica restituta)* sehen.

(aus: Jochen Bleicken, Geschichte der Römischen Republik, Oldenbourg Grundriss der Geschichte 2, 5. überarb. u. erweiterte Aufl., München 1999, S. 88–91, © Oldenbourg Verlag)

Verfassungswechsel und Prinzipat des Augustus

1. Proömium a): Frühgeschichte und Bürgerkriege (Tac. ann. 1,1: A/C)

Zu Beginn seines Werks gibt Tacitus einen ganz knappen Abriss der römischen Geschichte von der Gründung Roms bis zur Zeit des Tiberius – immerhin fast 800 Jahre in wenigen Zeilen:

	Adaptierte Fassung (A)
753–510 v. Chr.	A principio reges urbem Romam habuerunt;
510 v. Chr.	**Lucius Brutus** libertatem et consulatum instituit.
	Dictaturae solum ad certum tempus sumebantur; (...)
87–84 v. Chr.	dominatio **Cinnae** non longa fuit,
82–79 v. Chr.	dominatio **Sullae** non longa fuit;
60–44 v. Chr.	et potentia **Pompei Crassi**que cito[1] in **Caesarem** cessit;
43 v. Chr.–14 n. Chr.	arma[2] **Lepidi** et **Antonii** cesserunt in **Augustum**,
	qui cunctam rem publicam discordiis civilibus[3] fessam
	nomine ›principis‹ sub imperium accepit.
	Sed prospera[4] vel adversa[5] facta veteris populi Romani
	a claris scriptoribus[6] memorata sunt;
	non defuerunt decora[7] ingenia, ut/quae tempora **Augusti** describerent,
	donec adulatione[8] crescente deterrerentur[9].
14–68 n. Chr.	*Die Geschichte von Tiberius, Caligula (= Gaius), Claudius und Nero*
	wurde noch zu ihren Lebzeiten aus Furcht verfälscht.
	Postquam illi occĭderant[10],
	res[11] eorum recentibus odiis compositae sunt.
	Inde consilium[12] mihi est
	pauca et[13] extrema[14] de **Augusto** tradere,
	mox **Tiberii** principatum[15] et cetera tradere,
	sine ira et studio[16], quorum causas procul habeo[17].

1 **Lesen Sie vor der Übersetzung den adaptierten Text und schlagen Sie die fett gedruckten Eigennamen im Namensverzeichnis nach, um sich einen Überblick zu verschaffen.**

2 **Übersetzen Sie wahlweise den adaptierten oder den originalen Text. Beschreiben Sie die sprachlichen Unterschiede. Arbeiten Sie heraus, wie Tacitus in seiner Originalversion den Inhalt sprachlich verdichtet.**

3 **Wie auch andere Historiker sieht Tacitus im Verlauf der römischen Geschichte eine Abwärtsentwicklung (»Dekadenz«): Weisen Sie diese im Text nach.**

Original (C)

Urbem Romam a principio reges habuere;
libertatem et consulatum L. Brutus instituit.
Dictaturae ad tempus sumebantur; ...
non Cinnae,
non Sullae longa dominatio;
et Pompei Crassique potentia cito[1] in Caesarem,
Lepidi atque Antonii arma[2] in Augustum cessere,
qui cuncta discordiis civilibus[3] fessa
nomine principis sub imperium accepit.
Sed veteris populi Romani prospera[4] vel adversa[5]
claris scriptoribus[6] memorata sunt;
temporibusque Augusti dicendis non defuere decora[7] ingenia,
donec gliscente adulatione[8] deterrerentur[9].
Tiberii Gaique et Claudii ac Neronis
res[11] florentibus ipsis ob metum falsae,
postquam occiderant[10],
recentibus odiis compositae sunt.
Inde consilium[12] mihi
pauca de Augusto et[13] extrema[14] tradere,
mox Tiberii principatum[15] et cetera,
sine ira et studio[16], quorum causas procul habeo[17].

1 citō: schnell
2 arma, ōrum: *hier:* Heer
3 discordia cīvīlis: Bürgerkrieg
4 prosper: glücklich
5 adversus: ungünstig, widrig
6 scrīptor: Historiker
7 decōrus: ausgezeichnet
8 adulātiō: Schmeichelei
9 dēterrēre: abschrecken
11 rēs: *hier:* Geschichte
10 occīdere: sterben
12 cōnsilium: Entschluss
13 et: *hier:* und zwar – **14 extrēma**: Ende, Tod – **15 prīncipātus**, ūs: Prinzipat, Regierung – **16 studium**: *hier:* Parteilichkeit – **17 quōrum causās procul habeō**: deren Ursachen mir fern liegen

T sine ira et studio?

Bis heute viel zitiert ist Tacitus' Bemerkung, er schreibe Geschichte *sine ira et studio* (etwa: »ohne Gehässigkeit und Parteilichkeit«). Wenn man seine Geschichtswerke liest, stößt man jedoch überall auf gehässige und parteiliche Darstellungen. Die Deutungen dieses Diktums gehen weit auseinander: Hat Tacitus damit auf seine Unvoreingenommenheit aufgrund der Distanz von der Zeit der julisch-claudischen Kaiser verwiesen oder diese Bemerkung etwa ironisch gemeint? Dies können Sie jedenfalls bei der weiteren Lektüre im Auge behalten.

2. Proömium b): Der Zustand nach den Bürgerkriegen (Tac. ann. 1,2: A; adaptiert)

Nach dem Ende der Bürgerkriege mit der Schlacht von Actium (31 v. Chr.) gelingt es Octavian bzw. dem später sogenannten ›Augustus‹, seine Herrschaft zu festigen. Er kann seine Gegner ausschalten und niemand leistet mehr Widerstand. Im Gegenteil sind große Teile der römischen Gesellschaft ganz zufrieden mit den neuen Verhältnissen und natürlich dem Frieden nach Jahrzehnten der Verwüstung:

Brutus et Cassius caesi erant;
nulla iam publica[1] arma erant;
Pompeius[2] apud Siciliam oppressus erat;
exutus[3] Lepidus, interfectus Antonius erat;
nemo nisi Caesar[4] dux reliquus erat;
nomen ›triumviri‹ posuit[5];
consulem se esse ferebat[6],
et ad tuendam plebem
tribunicio iure[7] se contentum esse dicebat;
milites donis,
populum annonā[8], cunctos dulcedine otii pellexit;
insurgebat[9] paulatim;
munera[10] senatūs, magistratuum, legum in se trahebat
nullo adversante;
ferocissimi[11] per acies aut proscriptione ceciderant;
ceteri nobilium, qui servitio promptiores erant,
opibus et honoribus extollebantur,
ac novis ex rebus[12] aucti tuta et praesentia[13] mallent
quam vetera et periculosa.
Neque provinciae illum rerum statum abnuebant[14]:
suspectum senatūs populique imperium erat
ob certamina potentium et ob avaritiam
magistratuum[15];
invalidum erat auxilium legum,
quae vi, ambitū, postremo pecuniā turbabantur.

1 pūblicus = reī pūblicae (*Gen.*) – **2 Pompeius:** *Octavians Gegner Sextus Pompeius wurde 36 v. Chr. besiegt (vgl. S. 19).* – **3 exūtus**: entwaffnet *(35 v. Chr.)* – **4 Caesar** = Octavian *(zum Namen vgl. S. 18 u. ausführlicher S. 26)* – **5 pōnere** = dēpōnere *(zum Triumvirat von Octavian, Antonius und Lepidus vgl. S. 18 f.)* – **6 ferre**: *hier:* behaupten

7 tribūnīcium iūs: Amtsgewalt des Volkstribuns *(Augustus hatte sich diese Vollmachten auf Lebenszeit übertragen lassen, um Amtsträger, Senat und Volksversammlungen zu kontrollieren und um sich mit der* sacrosanctitas, *einem religiösen Nimbus der Unantastbarkeit zu schützen.)* – **8 annōna**: Getreidespende – **9 īnsurgere**: *hier:* seine Macht vergrößern – **10 mūnus**, eris *n.*: Amtsbefugnis, Aufgabe – **11 ferōx**, cis: mutig

12 rēs: *hier:* Verhältnisse – **13 tūta et praesentia** *n.Pl.: Hendiadyoin:* die sichere Gegenwart – **14 abnuere**: ablehnen – **15 avāritia magistrātuum**: *Die römischen Provinzen wurden in der Republik von Statthaltern, ehemaligen Konsuln oder Praetoren, verwaltet, die sich dort oft gegen Recht und Gesetz bereicherten und deren Bewohner ausbeuteten. Im Prinzipat änderte sich dies aufgrund einer besseren Kontrolle der Statthalter durch die Kaiser.*

1 Recherchieren Sie vor der Übersetzung die Eigennamen im Text: Sie kennen sie bereits aus dem vorhergehenden Kapitel.

2 Beschreiben Sie, mit welchen Mitteln sich Octavian bzw. Augustus laut Tacitus allmählich die Macht im römischen Staatswesen verschafft.

3 Erläutern Sie Tacitus' Anspielung auf die Proskriptionen, s. dazu S. 18 f.

4 Beschreiben Sie, welches Bild des römischen Staates am Beginn von Augustus' Prinzipat sich für das Lesepublikum ergibt.

K Die *Res gestae divi Augusti* – die Königin der Inschriften

Ein ganz anderes Bild der neuen monarchischen Ordnung als Tacitus bietet der erste Princeps selbst in seinen *res gestae.* Die »Taten des vergöttlichten Augustus« – die Vergöttlichung erfolgte anders als in den Provinzen in Rom erst nach seinem Tod – sind ein in der ersten Person verfasster Leistungsbericht des Princeps, vor allem aber ein grandioses Monument der Selbstdarstellung. Augustus gibt am Schluss des Werkes an, dass er es in seinem 76. Lebensjahr verfasst habe. Er hinterließ den Text zusammen mit seinem Testament, das den Senat anwies, die Inschriften herstellen zu lassen. Das Original wurde in Rom vor seinem Grabmal, dem *Mausoleum Augusti,* auf zwei Bronzepfeilern aufgestellt, die allerdings nicht erhalten sind. Der Text der Inschrift ist durch drei Kopien aus Städten im Osten des Römischen Reiches (in der heutigen Türkei, u. a. Ankara) bekannt. Der erste Teil (Kap. 1–14) beginnt nach einem kurzen Vorsatz mit der Übereignung der Macht an den Caesarerben und beschreibt die vielen Ehren und Ämter, die ihm verliehen wurden. Der zweite Teil (Kap. 15–24) beschreibt Augustus' Gaben an das römische Volk in Form von Geld, Spielen und Bauwerken. Der dritte Teil (Kap. 25–35) handelt von der Ausdehnung des Reiches, Kriegen, dem Anlegen von Veteranenkolonien und endet mit zwei Kapiteln über für den Princeps besonders wichtige Ehrungen wie den Titel *pater patriae.* Einige Kapitel finden sich auf der nächsten Doppelseite.

Eingang zur Ruine des Augustus-Mausoleums in Rom

Rekonstruktion des Augustus-Mausoleums

3. Die *Res gestae divi Augusti* (Übersetzung)

1. Im Alter von 19 Jahren stellte ich aus privatem Entschluß und mit privaten Mitteln ein Heer auf, mit dem ich dem von der Gewaltherrschaft einer Clique unterdrückten Staat die Freiheit zurückgewann. Aus diesem Grund nahm mich der Senat unter den Konsuln C. Pansa und A. Hirtius mit ehrenvollen Beschlüssen in seine Reihen auf, indem er mir das Recht der Stimmabgabe in der Rangklasse der Konsulare zuerkannte und mir militärische Befehlsgewalt übertrug. Daß der Staat keinen Schaden nehme, dafür sollte ich im Range eines Propraetors zusammen mit den Konsuln nach seiner Weisung sorgen. Das Volk aber wählte mich im selben Jahr, nachdem beide Konsuln im Krieg gefallen waren, zum Konsul und zum Triumvirn für die Ordnung des Staates.

2. Die Mörder meines Vaters ließ ich ächten, indem ich ihr Verbrechen in gesetzmäßigen Verfahren rächte, und als sie dann den Krieg gegen den Staat eröffneten, besiegte ich sie zweimal in offener Feldschlacht.

3. Kriege zu Wasser und zu Lande, gegen innere und äußere Feinde, führte ich auf dem gesamten Erdkreis viele Male, und als Sieger verschonte ich alle Bürger, die um Verzeihung baten. Fremde Völker, denen ohne Gefährdung der Sicherheit verziehen werden konnte, habe ich lieber erhalten als vernichten wollen. Von römischen Bürgern dienten ungefähr 500.000 unter meinen Feldzeichen. Von diesen siedelte ich nach Beendigung ihrer Dienstzeit etwas mehr als 300.000 in Kolonien an oder entließ sie in ihre Heimatgemeinden, und ihnen allen wies ich Land zu oder gab ihnen Geld als Lohn für ihren Kriegsdienst. [...]

4. Ich habe zwei kleine und drei große Triumphe gefeiert, und ich bin 21mal zum Imperator ausgerufen worden. Obschon der Senat mir noch mehr Triumphe zuerkannte, habe ich das jedesmal übergangen. Den Lorbeer von den Rutenbündeln legte ich auf dem Kapitol nieder, indem ich die Gelübde einlöste, die ich in jedem Krieg gemacht hatte. Wegen der glücklichen Erfolge zu Wasser und zu Lande, die von mir oder unter meiner Oberleitung von meinen Legaten errungen wurden, beschloss der Senat 55mal, den unsterblichen Göttern ein Dankfest darzubringen. Die Tage aber, an denen auf Beschluß des Senats ein Dankfest dargebracht wurde, beliefen sich auf 890. Bei meinen Triumphen wurden vor meinem Wagen neun Könige oder Kinder von Königen geführt. Konsul bin ich 13mal gewesen, als ich dies schrieb, und 37mal Inhaber der tribunizischen Gewalt.

5. Die Diktatur, die mir in An- und Abwesenheit von Volk und Senat im Konsulatsjahr des M. Marcellus und L. Arruntius angeboten wurde, habe ich nicht angenommen. Nicht abgelehnt habe ich angesichts höchsten Getreidemangels das Amt der Getreidebeschaffung, das ich so führte, daß ich innerhalb weniger Tage die gesamte Bürgerschaft von der Furcht und der damaligen Gefahr mit meinen Aufwendungen und meiner Fürsorge befreite. Den mir damals auch angebotenen Jahreskonsulat auf Lebenszeit habe ich nicht angenommen.

6. Als unter dem Konsulat des M. Vinicius und Q. Lucretius und später des P. Lentulus und Cn. Lentulus sowie zum dritten Mal (unter dem Konsulat) des Paullus Fabius Maximus und des Q. Tubero Senat und Volk übereinstimmend forderten, daß ich zum alleinigen Beauftragten für Gesetzgebung und sittliche Ordnung mit umfassender Bevollmächtigung gewählt würde, habe ich kein Amt angenommen, das mir entgegen dem Brauch der Vorfahren angeboten wurde. Was der Senat damals durch mich getan haben wollte, das habe

ich aufgrund der tribunizischen Gewalt vollbracht, für die ich selber von mir aus fünfmal einen Kollegen vom Senat erbat und erhielt.

7. Triumvir zur Ordnung des Staates war ich ohne Unterbrechung zehn Jahre. Ranghöchster Senator war ich bis zu dem Tag, an dem ich dies schrieb, 40 Jahre; ich war Pontifex maximus, Augur, [*es folgen weitere Priesterämter*]. [...]

34. Nachdem ich die Bürgerkriege ausgelöscht hatte, habe ich, im Besitz der (mir dafür) unter allgemeiner Zustimmung verliehenen umfassenden Vollmachten, in meinem sechsten und siebten Konsulat den Staat aus meiner Verfügungsgewalt in das freie Ermessen von Senat und Volk zurückgegeben. Für dieses mein Verdienst bin ich durch Senatsbeschluß Augustus genannt worden, und die Türpfosten meines Hauses wurden von Staatswegen mit Lorbeer umkleidet, ein Bürgerkranz über meiner Haustür angebracht und ein goldener Schild in der Curia Iulia aufgestellt, den mir, wie durch die Inschrift des Schildes bezeugt ist, Senat und Volk aufgrund meiner Tapferkeit, Milde, Gerechtigkeit und Pflichttreue widmeten. Seit dieser Zeit überragte ich alle an Einfluß *[auctoritas]*, Amtsgewalt *[potestas]* aber besaß ich um nichts mehr als diejenigen, die meine Kollegen in den jeweiligen Ämtern gewesen sind.

35. Als ich meinen 13. Konsulat bekleidete, nannten mich Senat, Ritterstand und römisches Volk einmütig Vater des Vaterlandes und faßten den Beschluß, daß dies in der Vorhalle meines Hauses, in der Curia Iulia und unter der Quadriga auf dem Forum Augustum, die mir auf Senatsbeschluß aufgestellt worden war, inschriftlich verewigt werde. [...]

(aus: Augustus – Schriften, Reden und Aussprüche. Herausgegeben, übersetzt und kommentiert von Klaus Bringmann und Dirk Wiegandt, Texte zur Forschung Bd. 91, Darmstadt 2008, S. 252 f. u. 260, © Wissenschaftliche Buchgesellschaft)

Der Tempel für Roma und Augustus in Ankara: Hier wurde die Inschrift an den Wänden in Latein und in griechischer Übersetzung eingemeißelt.

1 Vergleichen Sie die Selbstdarstellung des Augustus mit der Sichtweise des Tacitus (S. 20–22).

4. Namen sind nicht nur Schall und Rauch: Eigennamen und Ehrentitel der Kaiser

Jochen Bleicken erläutert, dass sowohl Eigennamen wie Ehrentitel des Augustus und seiner Nachfolger viel über die Quellen der Macht und die verschiedenen Rollen der Kaiser aussagen:

Noch einige Bemerkungen zur Titulatur und zum Eigennamen des Kaisers. Im Sinne des Rechtsgedankens des Prinzipats hieß der Kaisertitular *princeps*. Das ist [...] ein Begriff der aristokratischen Welt der Republik, in der die einflußreichsten Aristokraten *principes civitatis* genannt worden waren und der Angesehenste unter ihnen als eine Art Sprecher des Senats *(princeps senatus)* gegolten hatte (er sagte im Senat an erster Stelle seine Meinung). Nunmehr monopolisierte der Kaiser das Wort *princeps*, und war also *princeps* eine Bezeichnung für den Monarchen/Kaiser.

Auch der Eigenname des Kaisers veränderte sich und nahm titularen Charakter an. Der erste Prinzeps war Augustus. Er hieß ursprünglich C. Octavius, nach der Adoption durch Caesar dann C. Julius Caesar Octavianus. Die Adoption, die Caesar nicht zu Lebzeiten vorgenommen, sondern lediglich testamentarisch verfügt hatte, ist übrigens etwas umstritten, doch wurde sie angesichts der gegebenen Machtverhältnisse als rechtsgültig anerkannt. Mit dem Namen gewann Octavian auch die Veteranen seines Adoptivvaters, denn er erbte durch ihn das Patronat Caesars über dessen Soldaten. Die Aristokraten sagten darum sehr richtig, daß Octavian alles seinem Namen verdanke (so Brutus bei Cic. ad Brut. 1,16,5), und nannten ihn zu dessen Ärger – anstatt Caesar – meist Octavianus oder gar, zur Dokumentation ihrer Ansicht über die problematische testamentarische Adoption, Octavius. Octavian selbst legte selbstverständlich auf den Adoptionsnamen (C. Julius Caesar) größten Wert und ließ das Distinktiv Octavianus, das auf die nicht leibliche Vaterschaft Caesars verwies, später fallen. – Seit d. J. 38 führte Octavian dann auch das Wort *imperator* ständig im Namen. *Imperator* bezeichnet ursprünglich allgemein den Magistrat, der Soldaten befehligt (Feldherr). Der Konsul im Felde war daher immer *imperator*. Darüber hinaus war dem Triumphator vom Tage seines Sieges bis zum Triumphzug der Name *imperator* noch als besonderer Ehrentitel verliehen worden. Wenn Octavian das Wort *imperator* nun ständig zusammen mit seinem Namen führte, unterstrich er damit sein Feldherrnamt über die Soldaten oder genauer: Nicht eigentlich sein Feldherrnamt, denn das hieß ja *imperium proconsulare*, sondern seine persönliche Nahestellung zum Heer. *Imperator* ist durch Octavian/Augustus also zu einer titularen Bezeichnung geworden, aber eben nicht zu derjenigen, die auf den Prinzipat als Rechtsordnung, sondern die auf die eigentliche soziale Basis seiner Macht, auf das Heer, verwies. Das Wort *imperator* verband Octavian sogar so eng mit seiner Person, daß es als Teil seines Eigennamens angesehen werden mußte. Er legte nämlich seinen Vornamen Gaius ab und setzte *imperator* an dessen Stelle. Damit war die Feldherrnstellung mit dem Eigennamen und somit die Person des Kaisers mit ihrer sozialen Machtbasis unlöslich verknüpft worden.

Auch das *nomen gentile* (Julius) ließ Octavian schließlich fallen und hieß danach also Imperator Caesar. Nach der Rückgabe der Macht i. J. 27 gab ihm der Senat dann noch den Ehrentitel Augustus; der Name, der deutsch etwa als »erhaben«,»ehrwürdig« wiederzugeben wäre, gibt die Vorstellung von übermenschlicher Macht und Kraft ein und sollte seinen Träger in eine unangreifbare Sphäre rücken. Nun hieß Octavian: Imperator Caesar Augustus. Dabei ist es dann geblieben.

Das Wort Imperator, das zum Eigennamen gehört, betont am stärksten den Charakter des Kaisertums als Militärherrschaft. Kaiser, die die Rechtsidee des Prinzipats schärfer hervorheben wollten, wie Tiberius, haben daher das *praenomen imperatoris* nicht verwendet. Erst Nero nahm es wieder auf, dann Otho, und seit Vespasian wurde es endgültig Vorname aller Kaiser. Das Wort Imperator monopolisiert übrigens der Kaiser bei sich. Kein anderer Magistrat, der etwa als Feldherr im Felde steht, darf sich dann noch Imperator nennen. Der Feldherr schlechthin ist eben der Kaiser.

Auch das Wort Caesar wurde ständiger Namensbestandteil des Kaisers, dies auch, nachdem die kaiserliche Familie, die diesen Namen ursprünglich als Eigennamen hatte, nämlich die Julisch-Claudische Dynastie, abgetreten war. Ebenso vererbte sich der Ehrentitel Augustus auf jeden Kaiser. Der Name bzw. Titel Imperator Caesar Augustus bezeichnet also immer den Kaiser schlechthin und seit Vespasian wird er die ordentliche Titulatur eines jeden Kaisers. Zur Bezeichnung des bestimmten Kaisers wird dann noch das jeweilige *nomen gentile* hinzugesetzt, so daß z. B. Vespasian heißt: Imperator Caesar Vespasianus Augustus, und Marc Aurel: Imperator Caesar M. Aurelius Antoninus Augustus.

Als weiterer Ehrentitel tritt i. J. 2 v. Chr. schließlich noch *pater patriae* hinzu, durch den Augustus nicht nur als sorgender Vater der Römer, sondern vor allem als Neubegründer Roms und damit als zweiter Romulus hingestellt werden sollte. Den Titel haben nach Augustus alle Kaiser geführt.

Die vollständige Titulatur des Kaisers, die sowohl den Eigennamen als auch Ehrentitel und Amtsrechte, die er von Rechts wegen hat, enthält (d. i. die offizielle Titulatur, die auf Inschriften und Münzen erscheint), lautet dann folgendermaßen (z. B. für Augustus i. J. 2 v. Chr.): *Imperator Caesar Augustus p. m. (pontifex maximus) cos.* (*consul,* mit Nennung der Zahl der Konsulate, d. i. im J. 2 v. Chr.: XII) *tr. p. (tribunicia potestate = Inhaber der tribunizischen Gewalt,* mit Nennung der Zahl der Jahre, in denen er sie innehatte, hier: XXI) *p. p. (pater patriae).* Wie zu ersehen ist, enthält die Titulatur nicht diejenige Rechtsgewalt, welche die Grundlage für das Heereskommando vermittelte, nämlich das prokonsularische Imperium; erst seit Trajan erscheint in der Titulatur *proc. = proconsul.* Die entscheidende Gewalt, das Heereskommando, tritt also in dem offiziellen Namen und Titel des Kaisers zunächst nicht in seiner rechtlichen, sondern in seiner sozialpolitischen Form *(imperator)* auf.

(aus: Jochen Bleicken, Verfassungs- und Sozialgeschichte des Römischen Kaiserreiches Band 1, Paderborn u. a. [4]1995, S. 45–48, © Verlag Ferdinand Schöningh)

1 Arbeiten Sie aus dem Text von Bleicken heraus, welche Machtquellen und Rollen der Kaiser sich aus Namen bzw. Titulatur ableiten lassen.

5. Die Stimmung bei Augustus' Lebensende 14 n. Chr. (Tac. ann. 1,4 B)

Im Jahr 14 n. Chr. stirbt Augustus. Angesichts des bevorstehenden Todes kommen Diskussionen über Vor- und Nachteile der neuen Staatsform auf. Außerdem gibt es Befürchtungen über die möglichen Nachfolger des Augustus:

Igitur verso civitatis statu nihil[1] usquam prisci et integri moris. Omnes exutā[2] aequalitate[3] iussā principis aspectare[4] nullā in praesens[5] formidine[6], dum Augustus aetate validus se et domum et pacem sustentavit. Postquam provecta iam senectus aegro et corpore fatigabatur aderatque finis[7] et spes novae, pauci bona libertatis in cassum[8] disserere[9], plures bellum pavescere[9], alii cupere[9].

Der weitaus größere Teil verbreitete Gerüchte über die bald bevorstehenden Herren. Man sagte, Augustus' Enkel Agrippa Postumus sei sowohl durch seine Unerfahrenheit als auch aufgrund seines grausamen Charakters für die Nachfolge ungeeignet; zudem hieß es:

Tiberium ⟨esse⟩ maturum annis, spectatum[10] bello, sed vetere atque insitā[11] Claudiae familiae superbiā;

außerdem brächen bereits viele Anzeichen seiner Grausamkeit aus ihm hervor.

Hunc et prima ab infantia eductum ⟨esse⟩ in domo regnatrice[12]; congestos ⟨esse⟩ iuveni consulatūs, triumphos;

Auch in der Zeit seines Exils auf Rhodos habe Tiberius an nichts anderes gedacht als an seinen Zorn auf Augustus, sich verstellt und seine sexuellen Fantasien angefacht …

1 nihil: *ergänze als Prädikat* supererat: war übrig – **2 exuere**, exuō, exuī, exūtum: abschaffen
3 aequālitās: Gleichheit
4 aspectāre: *historischer Infinitiv*
5 in praesēns: für die Gegenwart
6 formīdō, inis: Furcht

7 fīnis = mors – **8 in cassum**: erfolglos – **9 disserere, pavēscere, cupere**: *historische Infinitive*

10 spectātus: bewährt

11 īnsitus: angeboren

12 domus regnātrīx: *hier*: Kaiserhaus, Kaiserdynastie

1 *Zur Vorerschließung:* **Recherchieren Sie die Eigennamen im Text sowie deren Verwandtschaftsverhältnis zu Augustus.**

2 **Gliedern Sie den Text und geben Sie den Abschnitten Zwischenüberschriften.**

3 **Arbeiten Sie aus dem Text heraus, welche Einstellung der Autor Tacitus gegenüber der Republik und dem beginnenden Prinzipat mutmaßlich vertrat.**

4 **Tacitus arbeitet in seiner Darstellung häufig mit indirekter Rede, um dadurch seine Leserschaft in eine bestimmte Richtung zu lenken: Weisen Sie dies am Text nach und beschreiben Sie, welche Einstellungen sich dadurch in Bezug auf Agrippa Postumus und Tiberius ergeben können.**

S Historische Infinitive

Die römischen Historiker verwenden in ihrer Darstellung häufig »historische Infinitive« in der Funktion eines Prädikats *(= verbum finitum)* in der Vergangenheit. Diese Erscheinung tritt in der Regel nur in Hauptsätzen auf wie hier z. B.:

> *pauci … disserere, plures … pavescere, alii cupere*
> »einige wenige erörterten …, mehrere fürchteten …, andere wünschten …«.

Durch die Verwendung solcher Infinitive (statt hier: *disseruerunt/disserebant – paverunt/pavescebant – cupiverunt/cupiebant*) wirkt die Darstellung knapper und zugleich unbestimmter: Der Infinitiv kann sowohl das Perfekt (einmalig-abgeschlossene Handlung) als auch das Imperfekt (dauerhaft-unabgeschlossene Handlung) ersetzen.

K Tiberius' Exil auf Rhodos

Augustus' Stiefsohn Tiberius war zunächst glücklich mit Agrippas Tochter aus erster Ehe, Vipsania, verheiratet. Doch zwang Augustus ihn, sich von Vipsania scheiden zu lassen und seine Tochter Iulia zu heiraten. Die Ehe galt schnell als zerrüttet. Zudem schien Augustus lange Zeit nicht in Tiberius seinen Wunschnachfolger zu sehen, sondern in seinen Enkeln Gaius und Lucius Caesar. Vermutlich aufgrund dieser Demütigungen zog sich der 33-jährige Tiberius zunächst freiwillig für immerhin sieben Jahre auf die Insel Rhodos zurück. Daraus wurde dann ein Zwangs-Exil, das Augustus erst 2 n. Chr. wieder aufhob.

6. Heuchelei und Schmeichelei im Prinzipat (Tac. ann. 1,6: B)

Tiberius wird der Nachfolger des Augustus: Sogleich zeigt der neue Princeps seinen Charakter – zumindest in der Darstellung des Tacitus:

Primum facinus novi principatūs fuit caedes[1] Agrippae Postumi.
Ein eigentlich ziemlich tatkräftiger Centurio (hoher Offizier) tötete den ahnungslosen und unbewaffneten Agrippa nur mit größter Mühe.
Nihil de ea re Tiberius apud[2] senatum disseruit:
patris (= Augusti) iussa simulabat,
quibus tribuno custodiae adposito[3] praescripsisset[4],
ne cunctaretur Agrippam morte adficere,
quandoque[5] ipse[6] supremum diem explevisset.
Sine dubio multa saevaque Augustus
de moribus adulescentis (= Agrippae) questus[7] perfecerat[8],
ut eius exilium[9] senatūs consulto sanciretur[10].
Ceterum[11] in nullius umquam suorum necem duravit[12];
außerdem dürfte Augustus kaum zur Sicherung von Tiberius' Herrschaft den Tod für seinen Enkel Agrippa gewollt haben.
Propius[13] vero ⟨est⟩
Tiberium ac Liviam,
illum metu, hanc novercalibus[14] odiis,
suspecti et invisi iuvenis caedem festinavisse[15].
Nuntianti centurioni
factum esse,
quod ⟨Tiberius⟩ imperasset,
⟨Tiberius⟩ respondit,
dass er selbst den Mord nicht befohlen habe, dass man aber durchaus dem Senat gegenüber den Mord rechtfertigen müsse. (…)

1 caedēs + *Gen. obiectivus*: Mord an jmd.

2 apud: *hier:* vor, in

3 custōdia adpositus: als Wache beigegeben – **4 praescrīpsisset**: *Subjekt ist Augustus;* praescrībere + *Dat.*: jmd. auffordern zu – **5 quandōque**: sobald – **6 ipse** = Augustus

7 questus < querī

8 perficere + *ut*: erreichen, dass

9 exilium: *6 n. Chr. wurde der erst 17-jährige Agrippa von Augustus aus Rom verbannt* – **10 sancīre**: (amtlich) bestätigen – **11 cēterum**: *hier:* aber – **12 dūrāre**: *hier etwa:* hartherzig befehlen

13 propius: näherliegend

14 novercālis: stiefmütterlich, der Stiefmutter – **15 festīnāre** + *Akk.*: es eilig haben mit

1 **Rekonstruieren Sie aus dem Text den »Tathergang« für den Tod des Agrippa Postumus und geben Sie stichpunktartig eine Art Tatprotokoll.**

2 **Arbeiten Sie heraus, welcher Charakter des Tiberius und seiner Mutter Livia sich aufgrund der Textdarstellung ergibt.**

3 **a) Stellen Sie in einer Tabelle die Fakten den Mutmußungen gegenüber: Was kann Tacitus über ein Ereignis von vor knapp 100 Jahren gesichert wissen (= Fakten)? Was ist seine Interpretation/ Mutmaßung? – b) Überlegen Sie dann, welche Informationen Sie als »echte« bzw. moderne HistorikerInnen bei einer eigenen Darstellung übernehmen oder weglassen würden.**

S Genitivus obiectivus

Ein lateinischer Genitiv kann den Urheber bzw. das *Subjekt* (Gen. subiectivus) oder das *Objekt* einer Handlung (Gen. obiectivus) bezeichnen:

caedes Agrippae: a) »der Mord des Agrippa« oder b) »der Mord an Agrippa«?

Im ersten Fall a) wäre Agrippa das Subjekt bzw. der Urheber des Mordes (»Agrippa ermordet/tötet jemanden«) → *Gen. subiectivus.*

Im zweiten Fall b) ist Agrippa das Objekt des Mordes (»Jemand ermordet/tötet den Agrippa«) → *Gen. obiectivus.*

Was gemeint ist und wie es am besten zu übersetzen ist, ergibt sich allein aus dem inhaltlichen Kontext. Speziell bei der Übersetzung eines *Genitivus obiectivus* muss man im Deutschen meistens Präpositionen verwenden (»Mord an …«; »Liebe zu …«; »Angst vor …«).

T Geschichtsdarstellung als Krimi

Ein berühmter US-amerikanischer Historiker und Geschichtsphilosoph namens Hayden White (1928–2018) vertrat in seinem Buch *Metahistory* (1973) einen bei vielen heutigen Historikern nicht sehr beliebten Ansatz: Er forderte, man müsse Geschichtsschreibung mit den Methoden der Literaturwissenschaft (also z. B. wie Romane) analysieren. Demnach wäre Geschichtsschreibung im Sinne von bestimmten Literaturgattungen ausgestaltet, wie z. B.: Romanze, Komödie, Tragödie oder Satire.

Für die antike Geschichtsschreibung stimmt die Theorie von Hayden White auf jeden Fall: Die hier behandelte Textpassage erinnert an einen Krimi, auch wenn es diese Gattung in der Antike so noch nicht gab. Sie können sich aber auch Ihr eigenes Urteil bilden, woran Sie die Darstellung des Tacitus erinnert. Viele moderne Leser fühlen sich bei der Tacitus-Lektüre an moderne Thriller erinnert.

7. Heuchelei der Oberschicht – Verstellung des Tiberius (Tac. ann. 1,7: C)

Beim Regierungswechsel von Augustus zu Tiberius wissen die Angehörigen der Oberschicht nicht, wie sie sich verhalten sollen. Tiberius tut so, als respektiere er die politischen Bedingungen der alten Republik:

At Romae ruere in servitium consules, patres[1], eques[2].

Je angesehener sie waren, umso mehr verstellten sie sich; keiner wollte Freude über den Tod des Augustus oder Trauer über Tiberius' Regierungsantritt zeigen. So mischten sie Trauer, Freude und Schmeichelei. Die Konsuln Pompeius und Appuleius (14 n. Chr.) waren die ersten, die ihren Amtseid auf den Princeps ablegten. Später schworen auch Senat, Heer und Volk dem Princeps Treue.

1 patrēs: Patrizier – **2 eques** = equitēs

Tiberius cuncta per consules incipiebat,
tamquam vetere re publicā[3] et ambiguus[4] imperandi:
ne[5] edictum quidem, quo patres[6] in curiam vocabat,
nisi[5] praescriptione[7] tribuniciae potestatis[8]
sub Augusto acceptae posuit[9]. (…)

3 vetere rē pūblicā: *nominaler Abl. abs.* – **4 ambiguus**: unentschlossen – **5 nē …quidem nisi**: nicht einmal … anders als – **6 patrēs** = senātōrēs – **7 praescrīptiō**: Vorgabe(n) – **8 tribūnīcia potestās**: Amtsgewalt des Volkstribuns – **9 pōnere**: *hier:* erlassen, verkünden

Sed defuncto[10] Augusto
signum[11] praetoriis cohortibus ut imperator dederat;
excubiae[12], arma, cetera aulae:
miles[13] ⟨eum⟩ in forum, miles in curiam comitabatur.
Litteras ad exercitūs tamquam adepto[14] principatu misit,
nusquam cunctabundus, nisi cum in senatu loqueretur.

10 dēfungī, -fungor, -fūnctus sum: sterben – **11 sīgnum**: Parole, Tagesbefehl – **12 excubiae …aulae**: Wachen, Soldaten und alles Andere gab es wie an einem echten Königshof – **13 mīles** = mīlitēs – **14 adipīscī**, adipīscor, adeptus sum: erreichen

Causa praecipua ⟨erat⟩ ex formidine[15],
ne Germanicus,
in cuius manu tot legiones, immensa sociorum auxilia,
mirus apud populum favor,
habere imperium quam exspectare mallet.

15 formīdō, nē: die Angst, dass

Dabat et famae[16],
ut vocatus electusque potius a re publica videretur

16 dabat fāmae: er achtete auf den Ruf/Eindruck

servitium – vetus – curia – litterae – favor – malle | nd-Formen – Abl. Abs. – *formido, ne* (dass) – NcI

quam per uxorium ambitum[17] et sēnili adoptione inrepsisse[18].

Postea cognitum est

ad introspiciendas[19] etiam procerum[20] voluntates

inductam[21] ⟨esse⟩ dubitationem ⟨de imperio⟩:

Denn er deutete alle Worte und Blicke Anderer zum Verbrechen hin um und bewahrte sie im Gedächtnis.

17 uxōrius ambitus: *Augustus' Ehefrau Livia war Tiberius' Mutter und wollte ihren Sohn unbedingt als Princeps sehen* – **18 irrēpere**: sich die Herrschaft erschleichen – **19 intrōspicere**: ausspionieren – **20 procerēs,** um: die Adeligen – **21 indūcere**: *hier etwa:* vortäuschen

1 **Gliedern Sie den Text in Abschnitte und geben Sie den Abschnitten Zwischenüberschriften.**

2 **In dem Textabschnitt beschreibt Tacitus, wie Tiberius (angeblich!) in seinem Handeln republikanische Gesinnung vortäuschte, aber in Wirklichkeit als Monarch agierte: Stellen Sie aus dem Text jeweils die Belege für diese beiden Verhaltensweisen zusammen.**

S *Brevitas* und sprachlich-inhaltliche Dichte

Tacitus schreibt kein Wort zu viel. Im Gegenteil enthalten die sehr knappen Darstellungen eine Fülle an direkten und indirekten Informationen, Anspielungen und Deutungsmöglichkeiten. Der Text oben zeigt die inhaltliche Dichte gut: Tacitus liebt asyndetische Reihungen wie gleich am Anfang *consules patres eques.* Auch die häufige Verwendung des Singulars für den Plural wie bei *eques* und *miles* gehört hierzu. Besonders prägnant ist der zudem inkonzinne Ausdruck *tamquam vetere re publicā et ambiguus imperandi:* Die erste Hälfte besteht aus einem verkürzten Abl. abs., bei dem man ein (nicht existentes) Partizip Präsens von *esse* (im Abl.) ergänzen könnte; nach dem *et* folgt das prädikative *ambiguus,* bei dem man ebenfalls ein solches Partizip (im Nom.) ergänzen könnte. Das Adverb *tamquam* (»als ob«) leitet eigentlich eher einen Nebensatz ein, gibt hier aber den nicht vorhandenen Partizipien von *esse* quasi die Sinnrichtung (»als ob … noch existierte und er … wäre«). Diese sprachliche Dichte dürfte selbst für die lateinischen Muttersprachler die Lektüre erschwert oder zumindest stark verlangsamt haben.

8. Das Ende des Augustus und die *pax Augusta* (Tac. ann. 1,9–10; B)

Tacitus gibt aus Anlass des Regierungswechsels eine ausführliche Gesamtwürdigung von Augustus' Prinzipat. Dabei erwähnt er zunächst die Meinungen von Befürwortern der Augustus-Herrschaft, die nicht zuletzt Errungenschaften im riesigen Römischen Reich betonen:

(9) *Es entstanden viele Diskussionen über Augustus selbst: Man sprach über die Umstände seines Todes, seine vielen Konsulate. Die einen meinten, er sei durch die Umstände in die Bürgerkriege gezwungen worden. Er habe den Tod seines (Adoptiv-)Vaters Caesar rächen müssen; diese Maßnahmen habe die* pietas erga parentem et necessitudo[1] rei publicae *begründet. Marcus Antonius und Lepidus seien üble Männer gewesen; daher sagten sie (+ AcI):*

non aliud discordantis patriae remedium fuisse,
quam ut ab uno regeretur;
non regno[2] tamen neque dictaturā,
sed principis nomine constitutam rem publicam;
mari Oceano aut amnibus[3] longinquis saeptum[4] imperium.
Legiones, provincias, classes, cuncta inter se conexa;
ius[5] apud cives, modestiam apud socios;
urbem[6] ipsam magnifico ornatu;
pauca admodum vi tractata, quo[7] ceteris quies esset.

(10) *Allerdings betonten andere, dass Augustus die* ›pietas erga parentem‹ *lediglich als Vorwand genutzt, unrechtmäßig ein privates Heer aufgestellt* (paratum ab adulescente exercitum privatum) *und dem Senat sein Konsulat abgepresst habe; außerdem habe er viele getäuscht. (…)*

Pacem sine dubio post haec, sed cruentam ⟨fuisse⟩. *(…)*

Schließlich wurden ihm nach der Bestattung ein Tempel errichtet und göttliche Ehren zuerkannt.

1 necessitūdō: Notlage

2 rēgnum: Königsherrschaft *(hatte bei den Römern einen sehr negativen Beigeschmack)*

3 amnis = flūmen, fluvius – **4 saepīre**: umgeben, begrenzen *(soll hier die riesige Größe des Reiches betonen)*

5 iūs: *hier:* »Rechtssicherheit«

6 urbem = Rōmam

7 quō *(final)* = ut

1 *Vor der Übersetzung:* **Identifizieren Sie die AcIs im Abschnitt; finden Sie die jeweiligen Prädikatsinfinitive bzw. ergänzen Sie jeweils *fuisse* oder *esse* als Prädikat/Hilfsverb.**

2 **Stellen Sie die im Text genannten positiven und negativen Aspekte des augusteischen Prinzipats zusammen und begründen Sie, welche Vorteile diese für welche Bevölkerungsgruppen brachten.**

3 **Erörtern Sie aufgrund dieser Textstelle, welche Einstellung Tacitus dem augusteischen Prinzipat entgegengebracht haben dürfte.**

S Indirekte Rede

Typisch für die römische Geschichtsschreibung sind häufig längere indirekte Reden. Im Prinzip dienen sie dazu, fremde Informationen oder Meinungen für das Lesepublikum als nicht gesichert zu kennzeichnen. Allerdings nutzt Tacitus dieses Mittel häufig, um unter dem Deckmantel der Wiedergabe einer bloß fremden Meinung Stimmung gegen bestimmte Personen (v. a. Principes) zu erzeugen: Zwar ist eine negative Wertung in indirekter Rede rein formal als nicht authentifiziert gekennzeichnet, aber die »Information« oder negative Wertung ist immerhin explizit genannt und kann so beim Lesepublikum eine entsprechende Wirkung erzielen.

Sprachliche Merkmale der indirekten Rede sind zum einen der *AcI/NcI* (für Hauptsätze) und *Konjunktive* in den Nebensätzen. Zwar hängen solche Passagen indirekter Rede in der Regel von einem übergeordneten Verb des »Sagens/Meinens« oder auch einem entsprechenden Substantiv (z. B. *sermo*) ab, aber dieses wird nicht bei jedem neuen Satz in indirekter Rede wiederholt. Daher reihen sich in der Geschichtsschreibung häufig mehrere AcI-Sätze aneinander:

Multi arguebant	Viele argumentierten,
Augustum multum Antonio concessisse,	Augustus *habe* dem Antonius viel erlaubt,
dum interfectores patris <u>ulcisceretur</u>.	bis er die Mörder seines Vaters rächen konnte.
Postquam Lepidus socordiā <u>senuerit</u>,	Nachdem Lepidus schlaff und alt geworden *sei,*
nullum aliud remedium fuisse,	*habe* es keine andere Möglichkeit gegeben,
quam ut res publica ab uno <u>regeretur</u>.	als dass der Staat von nur einem regiert *werde.*

Im Deutschen sollte man, wenn möglich, die AcI/NcI-Konstruktionen und konjunktivischen Nebensätze mit einem *Konjunktiv* wiedergeben, um die indirekte Rede zu markieren. Hierzu dient vor allem bei der 3. Sg. der Konjunktiv I *(sei, habe, könne, gebe …)*. Wenn dieser nicht eindeutig erkennbar ist, nimmt man alternativ den Konjunktiv II *(hätten, könnten, gäben, kämen …)*; dies ist (außer bei *seien*) in der 3. Pl. der Fall. Wenn auch dieser nicht als Konjunktiv erkennbar ist, kann man die Hilfsverb-Form *würden* verwenden (*sie würden machen* statt *sie mach[t]en*).

9. Ein besonderer Frieden und goldene Zeiten – *pax Augusta* und *aurea saecula*

Augustus verkündet im 13. Kapitel seiner *res gestae* stolz, dass unter seinem Prinzipat die Tore des Ianus Quirinus-Tempels dreimal geschlossen wurden als Zeichen dafür, dass im gesamten *imperium populi Romani* durch Siege Frieden geschaffen worden sei. Dies sei vor seiner Geburt in der ganzen römischen Geschichte überhaupt nur zweimal geschehen. Die Aussagen des Princeps zeigen sowohl, dass der Krieg für Rom geradezu der Normalzustand war, als auch, dass Frieden wie selbstverständlich als Resultat von Siegen galt. Da Kriege aber in den Zeiten der Republik zumeist gegen auswärtige Gegner und zudem siegreich geführt wurden, finden sich in den römischen Quellen lange Zeit kaum Spuren von einer Sehnsucht nach Frieden und auch keine Personifikation der *pax* in Form eines Götterkultes. Für andere Wertbegriffe wie *concordia* hingegen gab es bereits Kulte und Tempel in Rom. Doch mit den Bürgerkriegen im 1. Jh. v. Chr. änderte sich das. Nun erlebten auch römische Bürger aller Schichten die Schrecken des Krieges in ihrer Heimat Italien und begannen, sich nach Ruhe und Frieden zu sehnen. Der erste, der sich als Friedensfürst inszenierte, war Caesar, auf dessen Münzen Pax erstmals namentlich als Personifikation des Friedens erscheint. Daran konnte sein Adoptivsohn anknüpfen.

Augustus inszenierte sich aber nicht nur durch die symbolische Ausrufung des Reichsfriedens mit der dreimaligen Schließung des Ianus-Tempels als Bringer und Bewahrer des Friedens, sondern er machte den Friedensgedanken sinnlich fassbar – und das nicht nur in Form von Münzen: Bereits mit den fünftägigen Säkularspielen im Jahr 17 v. Chr. wurde die Wiederkehr eines goldenen Zeitalters eröffnet und eine Art Staatsmythos begründet, der vor allem auf die Macht der Bilder und Rituale setzte. Doch auch Dichter wie Vergil huldigten Augustus als dem Begründer neuer *aurea saecula* (Aeneis 6, 791 f.).

Farbrekonstruktion der Ara Pacis Augustae

Der Kult vieler sogenannter Begriffsgottheiten wie Salus, Concordia und Fortuna wurde nun mit dem Attribut Augusta verbunden – so auch Pax. Kultisch verehrt wurde also nicht einfach der Frieden, sondern der Augustus-Frieden. Pax war – wie die anderen Kulte – nunmehr untrennbar mit dem Kaiser bzw. dem Kaiserhaus verbunden. Zentrum dieses Kultes war die Ara Pacis Augustae, ein 9 v. Chr. auf dem Marsfeld eingeweihter Altar mit Umfassungsmauer, der so groß und prächtig war, dass er gar keinen Tempel benötigte. Auf den beiden Reliefs an der Eingangsseite sind Romulus und Remus mit der Wölfin sowie deren Urahn Aeneas nach der Landung in Latium dargestellt, auf der gegenüberliegenden Seite zum einen die Göttin Roma in Waffen, zum anderen eine Mutter- oder Naturgottheit (s. Abb. unten), die nicht eindeutig benannt werden kann und schon mit Italia, der Erdgöttin Tellus und der Fruchtbarkeit spendenden Venus identifiziert wurde. Doch es spricht am meisten dafür, in ihr Pax Augusta zu sehen, die ansonsten ja gar nicht auf ihrem Altar präsent wäre und wohl auch bewusst den anderen genannten Gottheiten angeglichen wurde und ebenso wenig zufällig als Pendant zur siegreichen Roma platziert wurde. Sieg und Frieden würden dann wieder in enger Verbindung erscheinen so wie in den *res gestae* des Augustus.

Relief von der Ara Pacis mit Pax (?) und zwei jungen Frauen, die wohl die Elemente Luft und Wasser verkörpern sollen.

Die weiteren Details des Reliefs zeigen eine paradiesische Welt, in der Natur und Tiere gedeihen. Die Reliefs an den Längsseiten verbinden die Welt des Mythos mit der Zeit des ersten Princeps. Sie zeigen eine Prozession mit Augustus, seiner Familie, Priestern und anderen Würdenträgern. Wer den Altar betrachtete, konnte also eine große Linie vom Stammvater der Römer Aeneas bis zu dessen Nachkommen Augustus erkennen.

Im Römischen Reich profitierten so viele römische Bürger und Untertanen von den Segnungen des Friedens, dass die Zeugnisse ihrer Zustimmung nicht einfach als Ergebnis augusteischer Propaganda oder Ideologie abgestempelt werden sollten. Vielmehr sollte man von einem Zeitbewusstsein oder Zeitgeist sprechen, den die augusteische Bilderwelt ebenso aufnahm wie prägte.

Tiberius – ein Heuchler?

10. Der Amtsantritt: Princeps und Senat im Gespräch (Tac. ann. 1,12: C)

Kurz nach seinem Amtsantritt gibt sich Tiberius im Senat bescheiden: Er wolle nur die ihm vom Senat aufgetragenen Aufgaben übernehmen. Allerdings waren seine Worte laut Tacitus stets voller Uneindeutigkeiten (obscura verba) *und von Verstellung geprägt.*

Für die Senatoren spricht nun ausgerechnet Asinius Gallus, der nach Tiberius' Zwangsscheidung von Vipsania Agrippa genau diese Ex-Frau von Tiberius geheiratet hatte!

Senatu ad infimas[1] obtestationes[2] procumbente dixit forte Tiberius se ut[3] non toti rei publicae parem[4], ita[3], quaecumque pars sibi mandaretur, eius tutelam[5] susceptorum.

1 īnfimus: *hier:* unterwürfig – **2 obtestātiō**: Bitte, Beschwörung – **3 ut – ita**: *hier:* zwar –aber – **4 pār** + *Dat.*: gewachsen, fähig zu – **5 tūtēla**: Fürsorge, Verantwortung

Tum Asinius Gallus »interrogo,« inquit, »Caesar[6], quam partem rei publicae[7] mandari tibi velis?«

Perculsus[8] inprovisa interrogatione ⟨Tiberius⟩ paulum reticuit: dein collecto animo respondit, *dass es keineswegs zu seiner Bescheidenheit passe, etwas auszuwählen oder abzulehnen, was er eigentlich überhaupt lieber vermeiden wollte.*

6 Caesar: *die reguläre Anrede für den jeweiligen Princeps* – **7 rēs pūblica**: *hier:* Staatsverwaltung, Regierung – **8 perculsus**: erschüttert, schockiert

Rursum Gallus (etenim vultu offensionem[9] coniectaverat) ⟨Tiberium⟩ non idcirco interrogatum ait, ut divideret, quae separari nequirent[10], sed ut sua confessione argueretur[11] unum esse rei publicae corpus atque unius animo[12] regendum.

9 offēnsiō: Beleidigung, Anstoß

10 nequīre, nequeō: nicht können

11 arguere: *hier etwa:* zugeben, anerkennen – **12 animus**: *hier:* Wille, Entscheidung(skraft)

Addidit laudem de Augusto; Tiberiumque ipsum victoriarum[13] suarum admonuit.

Nec ideo iram eius (= Tiberii) lenivit pridem invisus, tamquam[14]

ductā in matrimonium Vipsaniā Marci Agrippae filiā, quae quondam Tiberii uxor fuerat,

plus quam civilia[15] agitaret[16] Pollionisque Asinii[17] patris ferociam retineret.

13 victōriae: *Gemeint sind Tiberius' militärische Siege u. a. in Germanien und Pannonien (heute Österreich)* – **14 tamquam … agitāret** *bilden Sie einen Nebensatz* – **15 cīvīlia** *n.Pl.*: *hier etwa:* was sich für einen normalen Bürger gehört – **16 agitāre**: *hier:* anstreben – **17 Asinius Polliō** *war Gallus' Vater und galt als Gegner von Augustus' Prinzipat.*

 forte – quicumque – mandare – improvisus – animus – rursum | Abl. Abs. – ind. Frage – Finalsätze

1 **Tacitus versucht mit dieser Darstellung die Heuchelei des Tiberius zu »beweisen«: Arbeiten Sie dies mithilfe von Textbelegen heraus.**

2 **Der Senator Asinius Gallus versucht laut Tacitus den Princeps offenbar in die Enge zu treiben: Arbeiten Sie Redestrategie und Argumentation des Senators aus dem Text heraus.**

3 **Die Reihenfolge der Informationen in einem Satz oder Kapitel ist von Tacitus immer sorgfältig geplant: Weisen Sie dies anhand des Textes nach und begründen Sie insbesondere, warum die zuletzt gegebenen Informationen erst am Schluss folgen.**

4 **Tacitus' Deutung von Tiberius' Verhalten als heuchlerisch ist in der heutigen Geschichtsforschung eher umstritten: Versetzen Sie sich in die Lage des Tiberius und finden Sie plausible Argumente für Tiberius' Verhalten im Sinne einer Ehrenrettung.**

K Herrschaft im Prinzipat: Kommunikation, Konsens und Akzeptanz

In einem neuen Handbuch zur Geschichte der römischen Kaiserzeit nennt der Althistoriker Hartwin Brandt als leitende Kategorien seiner Gesamtdarstellung »Akzeptanzbedürfnis« und »Kommunikationszwang« und präzisiert damit die in der Forschung etablierten Begriffe Akzeptanz und Kommunikation: Die Legitimität des Prinzipats als Herrschaftsform wurde schon bald nicht mehr in Frage gestellt, aber jeder Princeps musste zur Aufrechterhaltung seiner Herrschaft »stets um Konsens und Akzeptanz werben und ringen. [...] Wer die Notwendigkeit von Konsens und Akzeptanz ignorierte (wie der Diktator C. Iulius Caesar), verlor in der Regel nicht nur seine Position, sondern auch sein Leben; wem die (zumindest partielle und die wichtigsten gesellschaftlichen Gruppen berücksichtigende) Herstellung von Konsens und Akzeptanz gelang, durfte seine Position behalten und womöglich eines natürlichen Todes sterben (wie der erste »princeps« Augustus). [...]

Wichtige Kommunikationspartner des Princeps und seines unmittelbaren Umfeldes waren [...] nicht etwa nur die senatorischen und ritterlichen, sondern auch die provinzialen und kommunalen Eliten, der kaiserliche Hof mit Beratern, Freunden, Vertrauten und Günstlingen, das Militär, das (nicht nur stadtrömische) Volk und bisweilen sogar auch ländliche Bevölkerungsteile in fernen Provinzen, wobei diese Gruppen jeweils keine geschlossenen und in sich homogenen Gemeinschaften bildeten.«[1] Der zweite Princeps Tiberius kann als Paradebeispiel für das Misslingen dieser erforderlichen Kommunikation gelten.

Anm. 1: Hartwin Brandt, Die Kaiserzeit. Römische Geschichte von Octavian bis Diocletian. 31 v. Chr.–284 n. Chr. (Handbuch der Altertumswissenschaft III 11), München 2021, S. 8 f.

11. Magistratswahlen – Rolle des Senats im Prinzipat (Tac. ann. 1,15; zweisprachig)

Zwar fanden im Prinzipat zunächst noch gewisse Magistratswahlen statt; allerdings wurden die Befugnisse der Volksversammlung zunehmend auf Senat und Princeps übertragen. Tacitus gibt uns hierzu einen interessanten Einblick in die Entwicklungen des frühen Prinzipats:

Tum primum e campo ⟨Martio⟩ comitia ad patres translata sunt: Nam ad eam diem, etsi potissima arbitrio principis, quaedam tamen studiis tribuum fiebant. Neque populus ademptum ius questus est nisi inani rumore; et senatus largitionibus ac precibus sordidis exsolutus libens tenuit moderante Tiberio, ne plures quam quattuor candidatos commendaret sine repulsa et ambitu designandos. Inter quae tribuni plebei petivere, ut proprio sumptu ederent ludos, qui de nomine Augusti fastis additi Augustales vocarentur. Sed decretă pecuniă ex aerario, utque per circum triumphali veste uterentur: curru vehi haud permissum. Mox celebratio annua ad praetorem translata, cui inter civīs et peregrinos iurisdictio evenisset.

Damals wurden zum ersten Mal Magistratswahlen von der Volksversammlung auf dem Marsfeld an den Senat übertragen: Denn bisher wurde zwar das Meiste nach dem Willen des Princeps geregelt, einiges jedoch auch unter Beteiligung der Stadtbezirke. Das Volk beklagte die verlorenen Vorrechte lediglich durch leeres Gerede; aber der Senat war froh, von Spenden und demütigenden Bitten (gegenüber der *plēbs*) erlöst zu sein, und auch über Tiberius' Selbstbeschränkung, nicht mehr als vier Kandidaten vorzuschlagen, die ohne Zurückweisung und Bewerbung ernannt werden mussten.
Unterdessen baten die Volkstribune darum, auf eigene Kosten Spiele geben zu dürfen, die in den Festkalender aufgenommen und nach Augustus ›Augustales‹ genannt werden sollten. Aber es wurde dann doch Geld aus dem Staatsbudget hierfür zur Verfügung gestellt; auch durften die Volkstribune im Zirkus das Triumphalgewand tragen: Auf dem Triumphwagen durften sie allerdings nicht fahren. Bald darauf übernahm dieses jährliche Fest der Prätor, der für Rechtsfragen zwischen römischen Bürgern und Ausländern zuständig war.

1. **Weisen Sie die in der deutschen Übersetzung unterstrichenen Ausdrücke im lateinischen Original nach. Erklären Sie gegebenenfalls die sprachliche Form (z. B. mithilfe des Wörterbuches).**
2. **Lesen Sie den Infotext zu den Magistratswahlen (s. S. 41) und vergleichen Sie dessen Informationen mit dem lateinischen Text.**

K Magistratswahlen im Prinzipat

Ein wesentlicher Bestandteil des Prinzipats war das formelle Fortbestehen der senatorischen Ämterlaufbahn mit den Magistraturen Quästur, Volkstribunat, Ädilität, Prätur und Konsulat. Damit sollte der senatorischen Elite das Zeichen gegeben werden, ein integraler Bestandteil des Staatswesens zu bleiben und weiterhin mit den Ämtern Ehren erlangen zu können. Um seine Herrschaft aber nicht in Gefahr zu bringen, war es für den Kaiser entscheidend, Einfluss auf die Wahlen zu den Magistraturen nehmen zu können. Abgeleitet aus republikanischen Rechten der Konsuln erhielt der Kaiser nicht nur das Recht, alle Kandidaten zu prüfen, sondern auch zu nominieren *(nominatio)* und darüber hinaus sogar dem Wahlgremium Kandidaten zu empfehlen *(commendatio)*. Ein Kandidat des Kaisers zu sein, bedeutete nicht nur eine besondere Auszeichnung, sondern angesichts der Machtposition des Princeps in der Regel auch die Sicherheit, gewählt zu werden. Doch es sollte der Eindruck vermieden werden, dass die Wahlen gänzlich in der Hand der Kaiser lägen. Deshalb wurden zwar seit der Regierung des Tiberius vor allem die Konsuln von den Kaisern empfohlen, bei den anderen Ämtern waren die Principes zurückhaltender. Tiberius lehnte z. B. den Antrag des Senators Asinius Gallus (zu ihm s. S. 38) ab, für fünf Jahre im Voraus alle 60 Kandidaten für die Prätur zu nominieren. Übrigens äußert Tacitus in seiner Darstellung, dass Asinius mit seinem Vorstoß die *arcana imperii,* also die geheimen Grundlagen der Herrschaft bloßstellen wollte (ann. 2,36).

Zumindest symbolisch wurde die Bedeutung des Senats dadurch aufgewertet, dass die Wahlen nicht mehr ausschließlich von den Volksversammlungen vorgenommen wurden wie zu Zeiten der Republik, sondern vom Senat bzw. einem aus dem Senatoren- und Ritterstand gemischten Wahlkörper. Doch mit der Wahl wurden die Kandidaten noch nicht zu Amtsträgern, da die Idee, dass das Amt von der Volksversammlung vergeben wurde, noch bis in das 2. Jahrhundert lebendig war. Die vom Wahlgremium Bestimmten – der terminus technicus für diesen Vorgang lautete *destinatio* – wurden also doch noch von der Volksversammlung gewählt bzw. eher bestätigt, da die Zahl der zu wählenden Konsuln und Prätoren der der »Destinierten« entsprach. Somit wurde der Anschein von Volkswahlen gewahrt, de facto waren sie aber nurmehr eine Formalität.

12. Das Gesetz der Majestätsbeleidigung (Tac. ann. 1,72: B/C)

Tacitus bemüht sich, sein negatives Tiberius-Bild durch das Beispiel der Majestätsbeleidigung zu verfestigen: Tiberius hatte nämlich in seiner Herrschaft dieses Gesetz wieder reaktiviert, obwohl er sich sonst bürgerfreundlich zu geben versuchte.

(72) Decreta ⟨sunt⟩ eo anno[1] triumphalia insignia A.
Caecinae, L. Apronio, C. Silio ob res[1] cum Germanico
gestas.
Nomen ›patris patriae‹ Tiberius,
a populo saepius ingestum[2],
repudiavit;
neque in acta[3] sua iurari
quamquam censente senatu
permisit,
dictitans
cuncta mortalium incerta ⟨esse⟩,
quantoque plus adeptus foret,
tanto se magis in lubrico[4] ⟨esse⟩.
Non tamen ideo faciebat fidem[5] civilis animi[6];
nam legem maiestatis reduxerat[7],
cui nomen apud veteres[8] idem ⟨fuit⟩,
sed alia in iudicium veniebant,
si quis proditione exercitum
aut plebem seditionibus,
denique male gesta re publica
maiestatem populi Romani minuisset[9]:
facta arguebantur[10], dicta[11] inpune erant.
Primus Augustus cognitionem[12] de famosis libellis[13]
specie eius legis tractavit,
commotus[14] Cassii Severi libidine[15],
qua viros feminasque inlustrīs procacibus scriptis
diffamaverat.

1 eō annō: *15 n. Chr.; die ganze Angabe dient der chronologischen Orientierung und zugleich der Ehrung für Augustus' Großneffen Germanicus wegen seiner erfolgreichen Feldzüge in Germanien* (= **rēs**)
2 ingerere, -gessī, -gestum: aufdrängen

3 ăctum: Verordnung

4 lūbricum: Unsicherheit

5 fidem facere + *Gen.*: Vertrauen auf etw. ausstrahlen – **6 animus cīvīlis**: (seine) bürgerfreundliche Gesinnung – **7 redūcere**: *hier:* wieder einführen – **8 apud veterēs**: *gemeint ist die Zeit der Republik*

9 minuere + *Akk.*: schaden

10 arguere: gerichtlich verfolgen – **11 dictum**: Wort – **12 cognitiō**: *hier:* Untersuchung – **13 fāmōsus libellus**: Schmähschrift

14 commōtus: aufgebracht – **15 libīdō**: *hier:* Unverschämtheit

decernere – saepe – permittere – mortalis – quanto-tanto | Kompar. – Abl. Abs. / PC – AcI – Gerundiv + *esse*

Mox Tiberius, consultante Pompeio Macro praetore, an iudicia maiestatis redderentur, exercendas leges esse respondit. Hunc quoque asperavēre[16] carmina incertis auctoribus vulgata[17] in[18] saevitiam superbiamque eius et discordem cum matre animum.

16 asperāre: erbittern, reizen

17 vulgāre: öffentlich verbreiten – **18 in** + *Akk.*: *hier:* gegen, über

1 ***Vor der Übersetzung:*** **Informieren Sie sich über die** ***leges maiestatis*** **und das** ***crimen laesae maiestatis;*** **gehen Sie danach den Text durch und finden Sie Hinweise darauf in der Passage.**

2 **Stellen Sie die Maßnahmen des Tiberius zusammen, die ihn in einem guten Licht in der Öffentlichkeit dastehen lassen sollen.**

3 **Erklären Sie, wie Tiberius laut Tacitus die Anwendung des Majestätsgesetzes für seine Zwecke missbraucht.**

K Die *leges maiestatis* und das *crimen laesae maiestatis*

Die *maiestas* bezeichnet im antiken Rom zunächst die den Menschen überlegene und von ihnen zu respektierende Macht und Würde göttlicher Wesen, dann auch die Hoheit und Würde des römischen Volkes und/oder seiner Amtsträger. Um Verstöße gegen die *maiestas populi* zu bestrafen, wurde nach ersten Gesetzen aus den Jahren 103 und 91 v. Chr. unter der Diktatur Sullas nicht nur ein weiteres Gesetz eingebracht, sondern auch ein eigenständiger Gerichtshof für *maiestas*-Delikte eingerichtet.

Eine neue *lex de maiestate* unter Augustus zeigt die neuen Regeln der Monarchie: Der Straftatbestand *crimen laesae maiestatis,* d. h. die »Majestätsbeleidigung« in unserem Sinne, sollte Angriffe auf die Würde des Kaisers und des Kaiserhauses sowie Verschwörungen unterbinden, konnte aber auch genutzt werden, um politische Gegner auszuschalten und/oder sich zu bereichern. Denn es gab keine Verfolgung des Delikts von Staats wegen, so konnten die Ankläger *(delatores),* die ein solches Verbrechen anzeigten, bei einer Verurteilung mit hohen Belohnungen rechnen. Verhandelt wurde vor dem Senatsgericht.

In der Regierungszeit des Tiberius (v. a. seit dem Jahr 24) nahmen die *maiestas*-Verfahren drastisch zu. Am Ende seines Prinzipats waren es ca. 60 Majestätsprozesse. Diese warfen einen dunklen Schatten auf seine Herrschaft.

13. Verschwörungs- und Mord-Theorien: Der Piso-Prozess (Tac. ann. 3,15–16: A/B)

20 n. Chr. findet im Senat ein spektakulärer Prozess gegen Gnaeus Calpurnius Piso, einen engen Vertrauten des Tiberius, statt: Piso soll am Tod des erfolgreichen Feldherrn und Tiberius-Neffen Germanicus (15 v. Chr. – 19 n. Chr.) beteiligt gewesen sein. Germanicus war mit Piso zerstritten und starb nach einer plötzlichen Krankheit in Syrien, sodass schnell Gerüchte über einen Giftmord entstanden. Angeblich war Tiberius sogar selbst in den »Mord« verwickelt und soll Piso den Auftrag dazu erteilt haben. Der beliebte Germanicus galt als Lichtgestalt und war durchaus ein Konkurrent für Tiberius. Augustus selbst hatte Germanicus als Nachfolger des Tiberius vorgesehen, der seinen Neffen deshalb auch adoptieren musste. Der angeklagte Piso erhoffte sich im Prozess natürlich Rückendeckung von Tiberius …

(15) Reus (= Piso) postquam sibi exitiabile[1] intellegit,
dubitans, an adhuc experiretur[2],
hortantibus filiis
durat mentem senatumque rursum ingreditur.
Redintegratamque[3] accusationem, infensas patrum
voces, adversa et saeva cuncta perpessus[4]
nullo magis exterritus est,
quam quod Tiberium sine miseratione, sine ira,
obstinatum[5] clausumque[6] vidit,
ne quo adfectu perrumperetur[7].
Relatus[8] domum,
tamquam defensionem[9] in posterum[10] meditaretur,
pauca conscribit obsignatque[11] et liberto tradit;
tum solita[12] curando corpori exsequitur[12].
Dein multam post noctem, egressā cubiculo uxore,
operiri forīs[13] iussit;
et coepta luce perfosso iugulo[14], iacente humi gladio,
repertus est.

(16) Memini me audire ex senioribus
visum saepius inter manus Pisonis libellum,
quem ipse non vulgaverit[15];
sed amicos eius dictitavisse ⟨in eo libello⟩

1 exitiābile: *hier etwa:* die bedrohliche Lage – **2 experīrī**: einen Versuch machen *(nämlich: sich zu verteidigen)*

3 redintegrāre: erneuern, wieder vorbringen – **4 perpetī**, -pessus sum: erleben, erfahren

5 obstinātus: verstockt – **6 clausus**: verschlossen, unzugänglich – **7 perrumpī**: *hier etwa:* sich verraten – **8 relātus**: zurückgekehrt

9 dēfēnsiō: Verteidungsrede – **10 posterus ⟨diēs⟩**: der folgende Tag – **11 obsīgnāre**: versiegeln

12 solita exsequī: gewohnte Dinge tun

13 operīrī forīs: die Tür verschließen – **14 perfossō iugulō**: mit durchgeschnittener Kehle

15 vulgāre: öffentlich verbreiten

reus – dubitare – mens – rursum – infensus – vox – exterrere | Abl. Abs. / PC – AcI

litteras Tiberii et mandata in Germanicum contineri,
ac destinatum[16] ⟨esse⟩ promere[17] apud patres
principemque arguere[18],
ni elusus[19] a Seiano per vana promissa foret;
nec illum sponte[20] extinctum[21] ⟨esse⟩,
verum immisso percussore[22].
Quorum neutrum adseveraverim[23]:
neque tamen occulere debui narratum ab iis,
qui nostram[24] ad iuventam duraverunt[25].
Caesar[26] flexo in maestitiam ore
suam invidiam[27] tali morte quaesitam
apud senatum ⟨querebatur⟩.

16 dēstinātus + *Inf.*: entschlossen zu *(gemeint ist Piso)* – **17 prōmere**: vorlegen, zeigen – **18 arguere**: beschuldigen – **19 ēlūdere**, -lūsī, -lūsum: aufhalten – **20 sponte**: freiwillig – **21 extīnctus**: gestorben – **22 percussor**: Mörder

23 adsevērāre: ernsthaft behaupten

24 nostram = meam – **25 dūrāre**: *hier:* leben – **26 Caesar** = Tiberius

27 sua invidia: die Abneigung gegen ihn (= Tiberius)

1 **Tacitus schildert die Prozess-Situation teilweise aus der Perspektive des angeklagten Piso: Weisen Sie dies am Text nach.**
2 **Stellen Sie die Vorwürfe gegen Tiberius zusammen, die sich aus der Stelle ergeben.**
3 **Sortieren Sie die Informationen dieser Textpassage nach »echten« Fakten und bloßen Gerüchten und Mutmaßungen: Beschreiben Sie, welchen Eindruck das beim Leser erzeugt.**
4 **In der Textpassage finden sich einige Elemente eines »allwissenden Erzählers«: Zeigen Sie diese und begründen Sie die »Allwissenheit« jeweils.**

T Der allwissende Erzähler

In fiktionaler Literatur (v.a. Romanen) tritt häufig ein »allwissender« Erzähler auf: Dieser Erzähler weiß Dinge, die ein realer Autor eigentlich nicht kennen kann, z.B. die Gefühle und inneren Regungen seiner (fiktiven) Handlungsfiguren. Im antiken Epos (Homer, Vergil, Ovid) ist der Erzähler in der Regel allwissend, denn er kennt nicht nur das Innenleben seiner menschlichen Handlungsfiguren, sondern sogar die Gefühle, Gespräche und Beschlüsse der Götter. Der allwissende Erzähler stellt in gewisser Weise den normalen Erzähler-Typ in fiktionaler Erzählliteratur wie Roman, Novelle oder Epos dar.

14. Gefährliche Geschichtsschreibung: Der Prozess gegen Cremutius Cordus (Tac. ann. 4,34–35: A/B)

25 n. Chr. fand im Senat ein Prozess gegen den Historiker Cremutius Cordus statt: Er hatte ein Geschichtswerk (Annalen) *über den römischen Bürgerkrieg verfasst und darin die beiden Caesar-Mörder Brutus und Cassius als politische Heldenfiguren dargestellt. Tiberius' Prätorianerpräfekt Sejan initiierte daraufhin durch Mittelsmänner (Satrius Secundus und Pinarius Natta) den Majestätsprozess gegen Cremutius Cordus. In seiner Verteidigungsrede weist Cremutius Cordus die Senatoren u. a. auf die größere Meinungsfreiheit unter Caesar und Augustus hin.*

(34) Cornelio Cosso Asinio Agrippa consulibus[1] Cremutius Cordus postulatur[2] novo ac tunc primum audito crimine, quod editis[3] annalibus laudatoque M. Bruto C. Cassium Romanorum ultimum[4] dixisset[5]. Accusabant Satrius Secundus et Pinarius Natta, Seiani clientes.

Id perniciabile[6] reo; et Caesar (= Tiberius) truci vultu defensionem accipiens, quam Cremutius relinquendae vitae certus[7] in hunc modum exorsus est:

»Verba mea, patres conscripti, arguuntur[8]: adeo factorum innocens[9] sum.

Sed neque haec in[10] principem aut principis parentem[11], quos lex maiestatis amplectitur[12]:

Dicor laudavisse Brutum et Cassium, quorum res gestas cum plurimi composuerint, nemo sine honore memoravit.

Titus Livius, eloquentiae ac fidei praeclarus in primis, Cn. Pompeium[13] tantis laudibus tulit[14], ut ›Pompeianum‹[13] eum Augustus appellaret; neque id amicitiae eorum offecit[15].

Hunc ipsum Cassium, hunc Brutum nusquam ›latrones‹ et ›parricidas‹, quae nunc vocabula imponuntur, saepe ut[16] insignīs viros nominat[17].

1 Cornēliō Cossō … cōnsulibus = 25 n. Chr. – **2 postulāre**: *hier:* anklagen – **3 ēdere**, ēdidī, ēditum: (als Buch) herausgeben

4 ultimus: *hier:* der letzte »echte« – **5 dīcere** + *dopp. Akk.*: nennen

6 perniciābilis: verderblich

7 certus + *Gen.*: entschlossen zu

8 arguere: anklagen, beschuldigen – **9 innocens** + *Gen.*: unschuldig in Bezug auf

10 haec ⟨verba sunt⟩ in: diese Worte richten sich gegen – **11 parēns**: *Tiberius' Adoptivvater Augustus* – **12 amplectī**: *hier:* betreffen, angehen

13 Gn(aeus) Pompēius: *kämpfte gegen Caesar mit der Senatsmehrheit für die Republik;* **Pompēiānus** *bedeutet daher hier auch ›Republikaner‹* – **14 ferre**, tulī: *hier:* erwähnen – **15 officere**: schaden

16 ut: als – **17 nōminat**: *Subjekt ist der Geschichtsschreiber Livius.*

crimen – accusare – vultus – relinquere – memorare – egregius | Abl. Abs. / PC – NcI

Asinii Pollionis scripta egregiam eorundem memoriam[18] tradunt; Messala Corvinus Cassium ›imperatorem suum‹ praedicabat: et uterque opibus[19] atque honoribus perviguēre.

18 memoria + *Gen.*: Andenken an

19 opibus atque honōribus pervigēre: Reichtum und Ehrenämter behalten dürfen

Marci Ciceronis libro[20], quo Catonem[21] caelo aequavit[22], quid[23] aliud dictator Caesar quam rescriptā oratione respondit? (...)

(35) Num enim armatis Cassio et Bruto ac Philippensīs campos[24] optinentibus belli civilis causā[25] populum per contiones incendo[25]?

20 librō *ist Dat.-Obj. zu* respondit – **21 Catō**: *der jüngere Cato, erbitterter Caesar-Gegner* – **22 caelō aequāre**: in den Himmel loben – **23 quid**: *bei der Übersetzung des Satzes am besten mit* quid *beginnen* – **24 Philippēnsēs campī**: *Schlachtfeld von Philippi, wo Octavian 42 v. Chr. die Caesar-Mörder besiegte* – **25 incendere causā** + *Gen.*: *hier:* zu etw. anstacheln

Brutus und Cassius sind zwar schon 70 Jahre tot, werden aber immer noch verehrt; werden so nicht auch Geschichtsschreiber das Andenken an mich bewahren?

Suum cuique decus[26] posteritas rependit[27]; nec deerunt, si damnatio ingruit[28], qui non modo Cassii et Bruti sed etiam mei meminerint[29].«

26 decus: Ehre – **27 rependere**: erweisen – **28 ingruere**: *hier:* eintreten, kommen – **29 meminerint**: *Futur*

Egressus dein senatu vitam abstinentiā[30] finivit. Libros per aedilīs cremandos censuēre patres: sed manserunt, occultati et editi[31].

30 abstinentia: Nahrungs-Verzicht

31 ēdere, ēdidī, ēditum: herausgeben, veröffentlichen

1 ***Vor der Übersetzung:*** **Lesen Sie den deutschen Vorspann; gehen Sie danach den lateinischen Text durch und finden Sie dort die im Vorspann erwähnten Informationen.**

2 **Stellen Sie die Argumentation des Cremutius Cordus in seiner Rede dar; beachten Sie dabei auch die Unterscheidungen, die er zwischen Vergangenheit und Gegenwart macht.**

3 **Cremutius Cordus gehört zu den ganz wenigen positiven Identifikationsfiguren im Werk des Tacitus: Arbeiten Sie römische Wertvorstellungen *(virtutes)* heraus, die er verkörpert.**

4 **Erläutern Sie die Rolle, die Tiberius und die Senatoren jeweils in dem Prozess spielen: Wie wirkt deren Handeln auf das Lesepublikum?**

5 **Der Textabschnitt behandelt nicht zuletzt die Rolle der Geschichtsschreiber: Weisen Sie dies nach und arbeiten Sie heraus, welche Rolle sich Tacitus hier implizit selbst zuschreibt.**

15. Tiberius zieht sich nach Capri zurück (Tac. ann. 4,67: B)

Im Jahr 26 n. Chr. zog sich der von den Regierungsgeschäften – insbesondere wohl den Mühen der Kommunikation mit dem Senat – frustrierte, fast 68-jährige Tiberius auf die Insel Capri zurück. Sein intriganter Prätorianerpräfekt Sejan blieb in Rom und kontrollierte die Regierungsgeschäfte und den Informationsfluss zum Princeps nach Capri.

Nach der Weihe von Tempeln in Kampanien verfügte Tiberius per Edikt, dass niemand seine Ruhe stören dürfe und Militär mögliche Zusammenrottungen der Stadtbevölkerung verhindere; er hasste die Landstädte und überhaupt das ganze Festland.

Solitudinem eius placuisse maxime crediderim, quoniam importuosum[1] mare circa[2] et vix modicis[3] navigiis pauca subsidia[4]; neque adpulerit[5] quisquam nisi gnaro custode[6].

Caeli temperies[7] hieme mitis obiectu[8] montis, quo saeva ventorum arcentur; *der Sommer ist wegen der lauen Westwinde und der See ringsum angenehm;* ⟨insula⟩ prospectabat[9] pulcherrimum sinum[10], antequam Vesuvius mons ardescens[11] faciem loci verteret.

Die Sage berichtet, die Griechen seien von der günstigen Lage begeistert gewesen und die Teleboer hätten Capri bewohnt. Aber dann siedelte sich Tiberius dort mit 12 gewaltigen Villen an.

Quanto intentus[12] olim publicas ad curas[13], tanto occultiores in luxūs et malum otium resolutus[14].

Manebat quippe[15] suspicionum et credendi temeritas[16], quam Seianus augere etiam in urbe suetus[17] acrius turbabat non[18] iam occultis adversum Agrippinam et Neronem insidiis.

Quīs[19] additus miles nuntios, introitūs[20], aperta[21], secreta velut in annalīs[22] referebat.

1 importuōsus: für Schiffe nicht zugänglich – **2 circā** *Adv.*: ringsherum – **3 modicus**: mittelgroß – **4 subsidium**: Landeplatz – **5 adpellere**: anlanden – **6 gnārō custōde**: mit Wissen der Küstenwache – **7 caelī temperiēs**: Klima – **8 obiectus**, ūs *m.*: Vorsprung, Barriere

9 prōspectāre: blicken auf – **10 sinus**, ūs *m.*: Bucht – **11 ardēscēns**: *gemeint ist der Vesuv-Ausbruch 79 n. Chr.*

12 intentus: engagiert – **13 pūblicae cūrae**: Amtsgeschäfte **14 resolūtus in** + *Akk.*: hingegeben, ergeben – **15 quippe**: nämlich – **16 temeritās** + *Gen.*: schlechtes Urteil gegenüber – **17 suētus** + *Inf.*: gewohnt zu **18 nōn iam occultīs … īnsidiīs**: *Abl. abs.; zu* **Agrippīna/Nerō** *s. S. 49*

19 quīs = quibus *(Agrippinae et Neroni)* – **20 introitus**, ūs *m.*: Besuch – **21 apertum**: Offenes, Öffentliches – **22 annālēs**: *hier:* Tagebuch, Dossier

solitudo – navigium – quisquam – mons – quanto-tanto | AcI – Potenialis – ntr. Adj. + Gen.

Es wurden sogar Leute dazu angestiftet, Agrippina und Nero eine Flucht zu den Truppen in Germanien zu empfehlen oder dazu zu raten, das Standbild des göttlichen Augustus zur belebtesten Zeit auf dem Forum zu umfassen, um Hilfe von Volk und Senat erflehen. Zwar fielen Agrippina und Nero nicht darauf herein, aber es entstand der Vorwurf gegen sie, sie hätten dies geplant.

1. **Erklären Sie, warum Tiberius speziell Capri als Rückzugsort vor dem politischen Geschäft gewählt hat.**
2. **Arbeiten Sie heraus, welches Herrscher-Bild von Tiberius sich aus der Textpassage ergibt.**
3. **a) Erklären Sie Plan und Absicht der Intrigen, die Sejan gegenüber Vipsania Agrippina und ihrem Sohn Nero Caesar gesponnen hat. – b) Beschreiben Sie, welche Emotionen Tacitus damit jeweils in Bezug auf Agrippina, Nero und Sejan beim Lesepublikum schürt.**

K Tiberius auf Capri

Tiberius ließ sich auf Capri einen Palast, die *Villa Iovis,* als Residenz bauen, deren beeindruckende Ruinen noch heute zu besichtigen sind. Neu und politisch brisant war, dass ein Kaiser den wichtigsten Kommunikationsraum Rom auf Dauer verließ.

Ruine der Villa Iovis auf Capri

K Agrippina die Ältere und Nero Caesar

Die ältere Agrippina war eine Enkelin des Augustus und Stieftochter des Tiberius. Sie galt als besonders sittenstreng und moralisch integer. Verheiratet war sie mit dem früh verstorbenen Germanicus (s. S. 44–45). Ihr ältester Sohn war Nero Caesar, ein jüngerer Sohn der spätere Princeps Caligula; der Kaiser Nero war ihr Enkel. Zwischen Tiberius und Agrippinas Familie bestand ein von Misstrauen und Feindseligkeit geprägtes Verhältnis, das von Sejan gezielt geschürt wurde. Zunächst standen Agrippina und Nero jedoch unter dem Schutz der noch lebenden Augustus-Witwe Livia. Nach Livias Tod 29 n. Chr. wurden sie wegen Verrats angeklagt, ins Exil geschickt und starben vermutlich durch Suizid.

16. Das erstaunliche Ende des Tiberius (Tac. ann. 6,50; zweisprachig)

Im Jahr 37 n. Chr. stirbt Tiberius (endlich?!) nach immerhin 23-jähriger Herrschaft, während der designierte Nachfolger Gaius Caligula schon in den Startlöchern sitzt. Die recht spektakulären Umstände des Todes schildert Tacitus folgendermaßen:

Iam Tiberium corpus, iam vires, nondum dissimulatio deserebat: idem animi rigor; sermone ac vultu intentus quaesita interdum comitate quamvis manifestam defectionem tegebat. Mutatisque saepius locis tandem apud promunturium Miseni consedit in villa, cui L. Lucullus quondam dominus.

Inzwischen verließen Tiberius die Körper- und Lebenskraft, nicht hingegen die Verstellung. Unverändert blieb sein Starrsinn. Mit äußerster Anstrengung in Rede und Miene versuchte er mitunter durch falsche Freundlichkeit seinen trotzdem sichtbaren Verfall zu verbergen. Nachdem er öfter den Aufenthalt gewechselt hatte, ließ er sich schließlich auf dem Vorgebirge von Misenum nieder, in dem Landhaus, das früher Lucius Lucullus besessen hatte.

Illic eum adpropinquare supremis tali modo compertum: erat medicus arte insignis, nomine Charicles, non quidem regere valetudines principis solitus, consilii tamen copiam praebere. Is velut propria ad negotia digrediens et per speciem officii manum complexus pulsum venarum attigit. Neque fefellit: nam Tiberius, incertum an offensus tantoque magis iram premens, instaurari epulas iubet discumbitque ultra solitum, quasi honori abeuntis amici tribueret. Charicles tamen labi spiritum nec ultra biduum duraturum Macroni firmavit.

Dass er seinem Ende entgegen ging, erfuhr man dort so: Es gab einen ausgezeichneten Arzt namens Charikles, der zwar nicht die Krankheiten des Princeps persönlich behandelte, ihm aber doch eine Fülle von Ratschlägen erteilte. Dieser ergriff, als wolle er in eigener Angelegenheit verreisen, und unter dem Anschein der Ehrerbietung, seine Hand und fühlte ihm dabei den Puls. Aber das entging Tiberius nicht: Denn er ließ Essen auftragen – vielleicht wollte er, dadurch beleidigt, nur umso mehr seinen Zorn unterdrücken – und blieb länger als gewohnt bei Tisch, als wolle er dem Freund vor seiner Reise eine Ehre erweisen. Charikles jedoch versicherte dem Macro, Tiberius' Lebenskraft nehme ab, und werde nicht länger als zwei Tage durchhalten.

Inde cuncta conloquiis inter praesentīs, nuntiis apud legatos et exercitus festinabantur. Septimum decimum kal. Aprilis interclusa anima creditus est mortalitatem explevisse; et multo gratantum concursu ad capienda imperii primordia Gaius Caesar egrediebatur, cum repente adfertur redire Tiberio vocem ac visus vocarique, qui recreandae defectioni cibum adferrent.

Dann wurde bei den Anwesenden mündlich, mit Boten bei den Legionskommandeuren und Heeresteilen alles Weitere eilig vorbereitet. Am 16. März stockte der Atem und man glaubte, er stehe kurz vor dem Ende. Da kam der Caesar Gaius (Caligula) unter einer großen Zahl von Gratulanten heraus, um die Herrschaft zu ergreifen, als auf einmal gemeldet wird, Tiberius spreche und sehe wieder und rufe nach jemandem, der ihm gegen seine Schwäche Essen bringen sollte.

Pavor hinc in omnīs, et ceteri passim dispergi, se quisque maestum aut nescium fingere; Caesar in silentium fixus a summa spe novissima expectabat. Macro intrepidus opprimi senem iniectu multae vestis iubet discedique ab limine. Sic Tiberius finivit octavo et septuagesimo aetatis anno.

Was für ein Schreck für alle! Die anderen laufen hierhin und dorthin, und jeder gab sich niedergeschlagen oder unwissend. Der Caesar (= Caligula) war in Schweigen gehüllt und erwartete nach der Hoffnung auf die Herrschaft nun sein letztes Stündlein. Nur Macro bewahrt die Ruhe und befiehlt, den alten Mann mit einem Haufen übergeworfener Gewänder zu ersticken und den Raum zu verlassen. So endete Tiberius im 78. Jahr seines Lebens.

1. **Lesen Sie zunächst die deutsche Übersetzung und weisen Sie dann die unterstrichenen Passagen im lateinischen Original nach.**
2. **Rechnen Sie das im Text angegebene Datum (16. März) nach dem System des römischen Kalenders um (mithilfe des Wörterbuch-Anhangs).**
3. **Die Todesszenen wurden von antiken Geschichtsschreibern wie Tacitus häufig mit besonderer Sorgfalt ausgestaltet – es gab in der Antike sogar eine eigene »Exitus-Literatur« hierfür. Weisen Sie dies für die Textpassage nach, z. B. durch die Untersuchung von Dramatisierung, Spannungselementen, Aufbau, Leser-Lenkung etc.**
4. **Diskutieren Sie, ob Tacitus' Darstellung von Tiberius' Tod Elemente einer Tragödie, einer Komödie, eines Thrillers o. ä. aufweist, und begründen Sie dies. Überlegen Sie auch, ob das hier dargestellte Ende zu Herrschaft und Charakter des Tiberius passt.**
5. **Die Darstellung des Tacitus ist offensichtlich auf Unterhaltungswert und Anschaulichkeit (fast wie ein Film-Drehbuch) hin komponiert: Untersuchen Sie, worin sie von modern-wissenschaftlicher Darstellung abweicht bzw. was in einer heutigen wissenschaftlichen Darstellung fehlen würde.**

17. Der Charakter des Tiberius aus Tacitus' Sicht (Tac. ann. 6,51; zweisprachig)

Ähnlich wie in Biographien folgt nach dem Tod eines Princeps bei Tacitus eine Gesamtwürdigung seines Charakters.

Pater ei Nero, et utrimque origo gentis Claudiae, quamquam mater in Liviam et mox Iuliam familiam adoptionibus transierit. Casūs primā ab infantiā ancipites: nam proscriptum patrem exul secutus; ubi domum Augusti privignus introiit, multis aemulis conflictatus est, dum Marcellus et Agrippa, mox Gaius Luciusque Caesares viguēre. Etiam frater eius Drusus prosperiore civium amore erat.

Sein Vater war Nero, und von beiden Seiten stammte er aus dem claudischen Geschlecht, obgleich seine Mutter durch Adoption in die Familie der Livier, dann der Julier überging. Sein Schicksal war von frühester Kindheit an wechselvoll: Dem geächteten Vater war er in die Verbannung gefolgt; nachdem er darauf als Stiefsohn in das Haus des Augustus eingetreten war, hatte er mit vielen Nebenbuhlern zu kämpfen, solange Marcellus und Agrippa, dann die Caesaren Gaius und Lucius in ihrer Blüte standen. Auch sein Bruder Drusus genoss größere Liebe beim Volk.

Sed maxime in lubrico egit acceptā in matrimonium Iuliā, impudicitiam uxoris tolerans aut declinans. Dein Rhodo regressus vacuos principis penatīs duodecim annis, mox rei Romanae arbitrium tribus ferme et viginti obtinuit. Morum quoque tempora illi diversa: egregium vita famaque, quoad privatus vel in imperiis sub Augusto fuit; occultum ac subdolum fingendis virtutibus, donec Germanicus ac Drusus superfuēre; īdem inter bona malaque mixtus incolumi matre; intestabilis saevitiā, sed obtectis libidinibus, dum Seianum dilexit timuitve. Postremo in scelera simul ac dedecora prorupit, postquam remoto pudore et metu suo tantum ingenio utebatur.

Am schlüpfrigsten war sein Leben, als er mit Julia vermählt war und die Unkeuschheit der Gattin entweder tragen oder ihr aus dem Weg gehen musste. Nach seiner Rückkehr von Rhodos stand er zwölf Jahre lang allein im kinderlosen Fürstenhaus und dann dreiundzwanzig Jahre lang als Herrscher an der Spitze des Römischen Reiches. Auch im Charakter hatte er widersprüchliche Zeiten: Einwandfrei sein Wandel und Ruf, solange er Privatmann oder Feldherr unter Augustus war, undurchschaubar und heimtückisch, da er Tugend vorgeben musste, solange Germanicus und Drusus noch am Leben waren; ein Gemisch von Gut und Böse zu Lebzeiten seiner Mutter; fluchwürdig durch Grausamkeit gab er doch seinen geheimen Gelüsten nicht nach, solange er den Seianus liebte oder fürchtete. Zuletzt aber brachen alle Frevel und Schandtaten aus ihm hervor, als er, von keiner Scham und Furcht mehr gebunden, bloß noch seiner eigenen Anlage freien Lauf ließ.

1 Gliedern Sie den Text in Abschnitte und formulieren Sie Zwischenüberschriften.

2 Recherchieren Sie die vielen erwähnten Personen und deren Verwandtschaftsverhältnisse mithilfe des Stammbaums der julisch-claudischen Dynastie (s. S. 104).

3 **Die Übersetzung entstammt der Internetseite gottwein.de und ist stellenweise etwas altmodisch oder heute nicht ganz eindeutig: Überprüfen Sie die unterstrichenen Ausdrücke anhand des lateinischen Originals und formulieren Sie eine möglichst moderne bzw. gut verständliche Übersetzung.**

4 **Tacitus nimmt im Ganzen eine negative Beurteilung von Tiberius' Charakter vor: Arbeiten Sie aus dem Text die Faktoren heraus, die eine psychologische Begründung für die Charakterentwicklung geben könnten.**

5 **Untersuchen Sie arbeitsteilig die Tacitus-Texte über Augustus und Tiberius (S. 21–53) darauf, ob Sie darin Belege für Schmals Aussagen (s.u.) finden.**

K Die Subjektivität des Tacitus

Der Altphilologe Stephan Schmal schreibt in seinem Studienbuch über Tacitus zur Subjektivität des Historikers:

Tacitus kennt die Techniken des kritischen Historikers, und er weiß genau, was der Leser von einem solchen erwartet. Er nutzt Primärquellen, er berücksichtigt die Neigungen und Schwächen seiner Autoren, er vergleicht unterschiedliche Varianten anhand der Plausibilität des Sachverhalts. Wenn die Quellenlage für ein sicheres Urteil nicht ausreicht, was ziemlich oft vorkommt, lässt er mehrere Möglichkeiten offen, wie es gewesen sein könnte. Ausdrücklich erklärt er:

> Was mich betrifft, so will ich mich übereinstimmenden Berichten meiner Gewährsmänner *(auctores)* anschließen, was sie aber in abweichender Überlieferung geboten haben, unter ihrem eigenen Namen weitergeben. (ann. 13,20,2)

Ein frommer Wunsch! Gehalten hat sich Tacitus keineswegs daran, denn insgesamt nennt er so selten andere Autoren, dass niemand ernsthaft auf die Idee kommen kann, er habe das überlieferte Meinungsspektrum abgedeckt. […]

Tacitus ist alles andere als ein objektiver Historiker. Er vermittelt vielmehr den Eindruck, dass er mit Souveränität und Lässigkeit die Werkzeuge der Historiographie handhabt, um auf diesem Fundament seine eigene Wahrheit aufzubauen. […]

Gleichwohl liefert Tacitus selbst gerne Meinungen und – in besonderer Häufung – Gerüchte (*fama* oder *rumor*), damit sich der Leser scheinbar seine eigene Meinung bilden kann. Selbst die Autorennennungen dienen wohl weniger dazu, die Darstellung der Sache zu legitimieren, als vielmehr im Gegenteil dazu, Deutungsvielfalt zu zeigen und einer expliziten eigenen Position auszuweichen. […]

Aber die Inhalte klingen doch beim Leser nach, und das liegt zweifellos in der Absicht des Historikers. In aller Regel passen die Varianten (insb. zu Nero und Tiberius) besser in das Gesamtbild als die ›autorisierten‹ Versionen. […]

(aus: Stephan Schmal, Tacitus, Studienbücher Antike Band 14, Hildesheim u.a. [3]2011, S. 115–117,

Claudius – ein verkannter Herrscher?

18. »Ausländer« im Senat? Eine weitsichtige Rede des Claudius (Tac. ann. 11,24: B)

Claudius (10 v. Chr. – 54 n. Chr.) war als Nachfolger des (Gaius) Caligula der vierte Princeps und regierte von 41 bis 54 n. Chr.; er war ein Neffe des Tiberius und wurde im gallischen Lugdunum (= Lyon) geboren, wo sich sein Vater Drusus (Tiberius' Bruder) wegen der Feldzüge in Germanien gerade aufhielt.

Die nachfolgende Textpassage behandelt eine Senats-Diskussion aus dem Jahr 48 n. Chr.: Die vornehmen Bevölkerungsgruppen in Südgallien besaßen aufgrund ihrer Bündnisse mit Rom bereits das römische Bürgerrecht und wollten nun auch zu den römischen Magistraturen zugelassen werden, was natürlich auch eine Aufnahme in den Senat ermöglichte. Viele Senatoren waren gegen solche »Privilegien« für »Ausländer«. Claudius jedoch verteidigt die Wünsche der Gallier:

His atque talibus[1] haud permotus princeps et statim contra disseruit et vocato senatu ita exorsus est: »Maiores mei, quorum antiquissimus Clausus origine Sabina simul in civitatem Romanam et in familias patriciorum adscitus[2] est, hortantur ūtī[3] paribus consiliis[3] in re publica capessenda[4], transferendo huc, quod usquam egregium[5] fuerit.

Und ich weiß sehr wohl, dass nicht nur die Julier aus Alba[6], die Porcier aus Tusculum[6] (etc.), sondern Leute aus Etrurien, Lukanien und ganz Italien Senatoren werden konnten; Italien wurde so bis an die Alpen vorgeschoben; so verschmolzen schließlich ganze Völker mit Rom!

Tunc domi[7] solida quies et adversus externa[8] floruimus, cum Transpadani[9] in civitatem[10] recepti;

außerdem wurden durch den Militärdienst überall in der Welt die stärksten Provinzialen in unser Reich aufgenommen.

Num paenitet[11] Balbos[12] ex Hispania nec minus insignīs viros e Gallia Narbonensi transivisse? Manent posteri eorum, nec amore in hanc patriam nobis concedunt[13].

1 hīs atque tālibus = *Argumente gegen die Aufnahme von Galliern*

2 adscītus: aufgenommen – **3 ūtī cōnsiliīs**: Grundsätze anwenden – **4 rem pūblicam capessere**: den Staat verwalten – **5 ēgregius**: vorbildlich, herausragend *(spielt hier auf die guten Eigenschaften der Gallier an)* – **6 Alba**, **Tusculum** *etc.* *waren ursprünglich eigene (Stadt-)Staaten und damit »Ausland« aus römischer Sicht*

7 domī: im Inneren – **8 externa ⟨perīcula⟩**: äußere Gefahren – **9 Trānspadānī**: (gallische) Bevölkerung nördlich des Po – **10 cīvitās**: *hier:* (römisches) Bürgerrecht, Staatsbürgerschaft

11 paenitet + *AcI*: man ist unzufrieden – **12 Balbī**: *Familie der römischen Nobilität* – **13 concēdere**: nachstehen, unterlegen sein

Quid aliud exitio[14] Lacedaemoniis et Atheniensibus fuit[14], quamquam armis pollerent, nisi quod victos pro alienigenis[15] arcebant[16]?

At conditor nostri Romulus tantum sapientiā valuit, ut plerosque populos eodem die hostīs, dein civīs habuerit. Advenae[17] in nos regnaverunt. (…)

(Ihr mögt einwenden:) ›Aber wir haben doch gegen die Senonen gekämpft; die Volsker und Äquer haben uns doch angegriffen; von den Galliern[18] ist Rom sogar erobert worden!‹ (…)

Ac tamen, si cuncta bella recenseas, nullum ⟨bellum⟩ breviore spatio quam adversus Gallos confectum ⟨est⟩: continua inde ac fida pax.

Iam moribus, artibus, adfinitatibus[19] nostris mixti aurum et opes suas inferant[20] potius, quam separati habeant. Omnia, patres conscripti, quae nunc vetustissima creduntur[21], nova fuere: plebeii magistratūs post patricios, Latini[22] post plebeios, ceterarum Italiae gentium post Latinos[22]. Inveterascet hoc[23] quoque, et quod hodie exemplis tuemur[24], inter exempla erit.«

14 exitiō esse: zum Untergang führen

15 prō aliēnigenīs: als Ausländer, weil sie Ausländer sind – **16 arcēre**: (vom Bürgerrecht) fernhalten

17 advena, ae *m./f.*: Fremder, Ausländer (*die römischen Könige waren teils Sabiner, teils Etrusker)*

18 Gallier: *Die Gallier eroberten Rom 387 v. Chr.*

19 adfīnitātēs *f. Pl.*: verwandtschaftliche Beziehungen – **20 īnferant**: *ergänze* ad nōs; *Subjekt sind die Gallier (beachte den Konj. im HS)* – **21 crēdī**: *Passiv*: gehalten werden für

22 Latīnī: (*Attribut zu* magistrātūs) … mit latinischem Bürgerrecht – **23 hoc**: *meint die Aufnahme von Galliern in den Senat* – **24 tuērī**: verteidigen

1 **Claudius argumentiert in seiner Rede in zwei Richtungen: Zum einen nennt er Beispiele aus der Vergangenheit *(mos maiorum)*, zum anderen nennt er die Vorteile für Rom durch das geplante Gesetz; stellen Sie in einer zweispaltigen Tabelle die Beispiele und Argumente zusammen.**

2 **Versetzen Sie sich in die Rolle der Gegner einer Zulassung von Galliern zu Ämtern und Senat: Welche Gefahren könnten ihnen tatsächlich drohen?**

3 **Recherchieren Sie die im Text genannten Völkerschaften anhand einer Karte des Alten Italien (s. S. 57); weisen Sie die Völkerschaften den ursprünglich gesprochenen Sprachen zu (Griechisch, Italisch, Keltisch, Etruskisch).**

19. Auszüge der Claudius-Rede im Original (ILS I,212; zweisprachig)

Große Teile der Claudius-Rede sind in einer antiken Inschrift auf einer Bronzetafel aus Lugdunum (Lyon) erhalten. Man kann daher – was nur selten möglich ist – an diesem Beispiel eine Originalrede mit deren literarischer Überarbeitung durch einen Geschichtsschreiber vergleichen (die eckigen Klammern bezeichnen Lücken in der Inschrift):

(…) Quondam reges hanc tenuere urbem, nec tamen domesticis successoribus eam tradere contigit. Supervenere alieni et quidam externi, ut Numa Romulo successerit ex Sabinis veniens, vicinus quidem sed tunc externus; ut Anco Marcio Priscus Tarquinius. [Is] propter temeratum sanguinem, quod patre Demaratho C[o]rinthio natus erat et Tarquiniensi matre generosa sed inopi, ut quae tali marito necesse habuerit succumbere, cum domi repelleretur a gerendis honoribus, postquam Romam migravit, regnum adeptus est. (…)

(…) Einst hatten Könige diese Stadt inne, aber es gelang ihnen dennoch nicht, sie an einheimische Nachfolger weiterzugeben. Es kamen Fremde und einige Ausländer, so dass Numa, von den Sabinern stammend, auf Romulus folgte, zwar ein Nachbar, aber damals ein Ausländer; ebenso wie auf Ancus Marcius Priscus Tarquinius (folgte). Weil dieser wegen seiner zwielichtigen Herkunft, weil er von dem Korinther Demarat und einer adligen, aber armen tarquinischen Mutter abstammte, die sich daher mit einem solchen Ehemann einlassen musste, in seiner Heimat von Ämtern ausgeschlossen war, erlangte er, nachdem er nach Rom emigriert war, dort die Königsherrschaft. (…)

Sane novo m[ore] et divus Aug[ustus av]onc[ulus m]eus et patruus Ti. Caesar omnem florem ubique coloniarum ac municipiorum, bonorum scilicet virorum et locupletium, in hac curia esse voluit. (…)

Gänzlich in neuem Geist wollten der göttliche Augustus, mein Großonkel, und mein Onkel Tiberius, dass die ganze Blüte der Kolonien überall und der Munizipien, natürlich der guten und wohlhabenden Männer in dieser Kurie vertreten ist. (…)

1 **Finden Sie die unterstrichenen deutschen Ausdrücke im lateinischen Original und überprüfen Sie deren genaue Bedeutung (z. B. im Wörterbuch).**

2 **Stellen Sie die Argumente der Rede-Abschnitte zusammen und gleichen Sie sie mit der Tacitus-Darstellung ab.**

3 **Claudius hielt seine Rede im Senat, d. h. sein Zielpublikum waren nur die für die Diskussion und Abstimmung versammelten Senatoren; Tacitus dagegen bearbeitete die Rede für ein breites Lesepublikum: Vergleichen Sie vor diesem Hintergrund die beiden Rede-Versionen hinsichtlich Sprache, Stil und Darstellungsweise.**

20. Die Römer – ein Volk mit gemischter Identität

Das frühe Rom – ein Vielvölkerstaat

Claudius nimmt in seiner Rede Vorstellungen auf, die sich vielfach in der römischen Geschichtsschreibung finden. Der Historiker Sallust (86–35 v. Chr.) beschreibt in seiner Darstellung der Catilinarischen Verschwörung insbesondere die kulturelle Synthese aus unterschiedlichen Völkern im frühen Rom (Sall. Cat. 6):

(1) Die Stadt Rom gründeten und bewohnten, wie ich den Quellen entnommen habe, zuerst Trojaner, die unter Aeneas' Führung als Flüchtlinge ohne feste Wohnsitze umherirrten; und mit ihnen die Aboriginer, eine bäuerliche Völkerschaft ohne Gesetze, ohne Obrigkeit, ganz frei und unabhängig. (2) Nachdem sich diese in einer Stadt vereinigt hatten, ist es unglaublich, wie leicht sie angesichts ihrer jeweils verschiedenen Herkunft, unterschiedlichen Sprache und ungleichen Kultur zusammenwuchsen: So war binnen kurzem aus einer zerstreuten und nicht sesshaften Masse eine einträchtige Bürgerschaft geworden.

Die Sprachenlandschaft im Alten Italien und in Gallien

Latein war ursprünglich nur der Stadtdialekt der Gemeinde Rom. Erst mit der militärischen Expansion Roms breitete sich auch der Gebrauch der lateinischen Sprache weiter aus. In Italien wurden noch bis zur Zeit des Claudius verschiedene italische Sprachen und Dialekte gesprochen, die aufgrund von Sprachverwandtschaft untereinander zumindest teilweise verständlich gewesen sein dürften.

In der Stadt Rom selbst gab es neben der Latein sprechenden Bevölkerung ursprünglich auch Bewohner, die Etruskisch und Sabinisch sprachen. In Pompeji sprach man noch beim Vesuv-Ausbruch 79 n. Chr. neben Latein auch Oskisch. Das Griechische scheint sich ohnehin noch sehr lange in den süditalischen Städten als Umgangssprache erhalten zu haben.

Sprachen und Völker im Alten Italien

1 Vergleichen Sie moderne Vorstellungen von nationaler bzw. ethnischer Identität (z. B. Deutschland, USA etc.) mit dem römischen Identitätskonzept.

21. Giftmord am Kaiserhof: Claudius' Ende (Tac. ann. 12,66–67: A)

Claudius hatte 49 n. Chr. in vierter Ehe seine Nichte Agrippina (die Jüngere) geheiratet – die Tochter der älteren Agrippina und Schwester des Caligula (s. o.). Agrippina hatte aus erster Ehe schon ihren Sohn Nero mitgebracht. Nun versuchte sie (laut Tacitus), dem jungen Nero möglichst bald die Herrschaft zu sichern und dazu ihren schwer kranken Gatten Claudius zu vergiften (54 n. Chr.):

(66) *Claudius war von Sorgen und Krankheit geschwächt und zog sich in die heilenden Bäder von Sinuessa zurück.* Agrippina, sceleris olim[1] certa[2] et oblatae occasionis propera[3] nec ministrorum egens, de genere veneni consultavit, ne repentino et praecipiti ⟨veneno⟩ facinus proderetur; *wenn sie aber ein schleichend wirkendes Gift nähme, könnte Claudius dies merken und die Liebe zu seinem leiblichen Sohn (Britannicus[4]) wieder entdecken.* Exquisitum aliquid placebat, quod turbaret mentem et mortem differret[5]. Deligitur artifex talium[6] vocabulo[7] Locusta, nuper veneficii damnata. Eius mulieris ingenio paratum ⟨est⟩ virus[8]; *das Gift sollte dann der Eunuch Halotus untermischen, der für das Servieren und Vorkosten der Speisen zuständig war.*

(67) Adeoque cuncta mox pernotuere[9], ut temporum illorum scriptores[10] prodiderint infusum ⟨esse⟩ delectabili[11] boleto[12] venenum, nec vim medicaminis statim intellectam ⟨esse⟩, socordiāne[13] an Claudii vinolentiā[14]; simul soluta alvus[15] subvenisse[16] videbatur. *Agrippina erschrak, ignorierte den schlechten Eindruck bei den Anwesenden und zog den schon eingeweihten Arzt Xenophon hinzu:* Ille tamquam nisūs[17] evomentis adiuvaret, pinnam rapido veneno inlitam[18] faucibus[19] eius demisisse creditur, haud ignarus summa scelera incipi cum periculo, peragi[20] cum praemio.

1 **ōlim**: *hier:* schon lange – 2 **certus**, a, um + *Inf.*: entschlossen zu – 3 **properus**, a, um + *Gen.*: eilig ausnutzend

4 **Britannicus**: *Claudius' leiblicher Sohn aus früherer Ehe; Agrippina sorgte dafür, dass Claudius ihren Sohn Nero dem Britannicus vorzog, aber Britannicus blieb natürlich möglicher »Kronprinz«.* – 5 **differre**: *hier:* hinauszögern – 6 **tālium** ⟨rērum⟩: in diesen »Künsten« – 7 **vocābulō** = nōmine – 8 **vīrus**, ī *n.*: Gift

9 **pernōtēscere**, -nōtuī: bekannt werden – 10 **scrīptor**: Geschichtsschreiber – 11 **dēlēctābilis**: lecker – 12 **bolētus**: Pilz(-Gericht) – 13 **-ne an**: sei es …, sei es – 14 **vīnolentia**: Trunkenheit – 15 **solūta alvus** *f.*: Erbrechen – 16 **subvenīre**: helfen, die Sache retten – 17 **nīsūs** *m. Pl.*: Brechreiz – 18 **inlitus**, a, um: bestrichen – 19 **faucēs** *Pl.*: Hals, Kehle – 20 **peragere**: vollenden, durchführen

Wie es weiterging ...
(68) In der Zwischenzeit wurde der Senat zusammengerufen, und Konsuln und Priester beteten für die Genesung des Princeps, der, schon tot, mit Tüchern und Umschlägen bedeckt wurde, während man insgeheim schon alles vorbereitete, um Nero die Thronfolge zu sichern. (...) Agrippina ließ immer wieder die Nachricht verbreiten, der Princeps sei auf dem Wege der Besserung, damit die Soldaten still hielten. (...)
(69) Endlich, am 13. Oktober, öffneten sich gegen Mittag auf einmal die Tore des Palastes, und Nero kam heraus vor die Kohorte, die laut Dienstplan Wachdienst hatte. Hier wurde er nach Aufmunterung durch den Kommandanten mit Freudengeschrei empfangen und auf einen Tragesessel gesetzt. (...) Sobald Nero ins Lager kam, (...) wurde er von allen als Imperator begrüßt. Dieser Zustimmung der Soldaten folgten die Beschlüsse des Senats. Und auch die Provinzen schlossen sich dem an. Claudius wurde als göttlich erklärt und ein ebenso feierliches Bestattungszeremoniell abgehalten wie bei dem vergöttlichten Augustus ...

1. **Die Passage ist teilweise aus der Perspektive der Agrippina geschildert: Weisen Sie dies anhand des Textes nach.**
2. **Beschreiben Sie den Charakter Agrippinas, der sich durch die Darstellung ergibt.**
3. **Arbeiten Sie das Bild von Claudius heraus, das sich aus der Textpassage ergibt.**
4. **Arbeiten Sie die Situation am Kaiserhof heraus, die Tacitus in der gesamten Passage entwirft: Welche Emotionen dürfte dies beim Lesepublikum hervorgerufen haben?**
5. ***ficta versus facta:* Stellen Sie die »echten« Fakten und die von Tacitus eher rekonstruierten Elemente (bzw. Mutmaßungen) aus der gesamten Passage einander gegenüber.**

Nero – eine junge Künstlernatur als Princeps

22. Neros Regierungsantritt und Senecas Einfluss (Tac. ann. 13,1–2: C)

Zwar hatte es Agrippina geschafft, ihren noch sehr jungen Sohn Nero im Alter von nicht einmal ganz 17 Jahren zum Princeps zu machen; allerdings hatte Nero selbst am Anfang nur wenig zu sagen: Die faktische Regierung übten Agrippina, der Prätorianerpräfekt Burrus und Neros Erzieher, der Philosoph Seneca, aus.

(1) Prima novo principatu mors Iunii Silani proconsulis Asiae ignaro Nerone per dolum Agrippinae paratur; non quia ingenii violentia exitium inritaverat, segnis et dominationibus aliis fastiditus, adeo ut C. Caesar ›pecudem auream‹ eum appellare solitus sit: verum Agrippina fratri eius L. Silano necem molita ultorem metuebat, crebra vulgi fama anteponendum esse vixdum pueritiam egresso Neroni et imperium per scelus adepto virum aetate composita, insontem, nobilem et, quod tunc spectaretur, e Caesarum posteris: quippe et Silanus divi Augusti abnepos erat. haec causa necis …

(1) Der erste Mord unter der neuen Herrschaft wird an Iunius Silanus, dem Prokonsul in Asien, ohne Neros Wissen ________________ vollbracht; nicht weil er ____________ zu seinem Untergang gereizt hätte: Er war schlaff und von den früheren Herrschern so gering geschätzt, dass Gaius Caligula ihn ___________ zu nennen pflegte: Vielmehr fürchtete Agrippina, die seinem Bruder Lucius Silanus _______ bereitet hatte, ihn als Rächer, da im Volk viel geredet wurde, es sei besser, man hätte statt des kaum erst dem Kindesalter entwachsenen _______, der die Herrschaft erhalten habe, einen Mann in vorgerücktem Alter, _________, adlig und, worauf man jetzt gerade achte, aus dem Hause der Caesaren. Silanus war nämlich ebenfalls ein Urenkel _____________, und dies wurde zum Anlass seines Todes …

(2) Ibaturque[1] in caedes, nisi Afranius Burrus et Annaeus Seneca obviam issent.
Hi rectores imperatoriae iuventae[2] et (rarum[3] in societate potentiae) concordes, diversa arte ex aequo pollebant[4]:
Burrus militaribus curis[5] et severitate morum, Seneca praeceptis eloquentiae et comitate[6] honesta,
iuvantes in vicem[7],
quo[8] facilius lubricam principis aetatem,
si virtutem aspernaretur,
voluptatibus concessis[9] *retinerent.*

1 **ībātur**: *hier Irrealis:* es wäre zu …gekommen
2 **imperātōria iuventa** = iuvenis imperator
3 **rārum** = id quod rarum est
4 **pollēre**: Einfluss (auf Nero) haben
5 **cūra**: Beschäftigung, Aufgabe
6 **cōmitās**: Milde (in der Erziehung)
7 **in vicem**: gegenseitig, einander
8 **quō** + *Konj.*: damit (sie) umso
9 **concessus**, a, um: erlaubt

Certamen utrique unum erat contra ferociam Agrippinae, quae cunctis malae dominationis cupidinibus flagrans[10] habebat in partibus[11] Pallantem[12] (...).

10 flagrāre + *Abl.*: entbrannt sein in – **11 in partibus**: auf ihrer Seite – **12 Pallas**, antis: *Freigelassener, der die Heirat von Claudius und Agrippina sowie Neros Macht beförderte*

Aber Nero wollte sich eigentlich nicht mit Personen von niedrigem Stand (wie Pallas) abgeben; außerdem hatte sich Pallas bei ihm schon durch seine für einen Freigelassenen unangemessene Arroganz unbeliebt gemacht.

Propalam[13] tamen omnes in Agrippinam honores cumulabantur; signumque[14] more militiae petenti tribuno dedit[15]: ›Optimae matris‹.

13 prōpalam: in der Öffentlichkeit

14 sīgnum: *hier:* Parole *(militärisches Kennwort)*

15 dedit: gab (Nero) als Parole aus

1 *Kapitel 13,1:* **Füllen Sie die Lücken in der deutschen Übersetzung.**

2 **Erstellen Sie eine Tabelle über die Handlungsfiguren. Notieren Sie, welche Rolle sie im Textzusammenhang spielen.**

3 **Sammeln Sie alle negativen Faktoren, die den schlechen Start von Neros Regierung (laut Tacitus) markieren.**

4 **Stellen Sie Vermutungen darüber an, warum für einen 16–17-Jährigen wie Nero die Herrschaft über das Imperium Romanum eine Überforderung darstellen kann.**

5 **In der Anfangszeit waren auch die offiziellen Kaiserporträts für Nero auf Jugendlichkeit hin stilisiert: Weisen Sie dies an dem Porträt nach:**

Farbrekonstruktion von Neros Gesicht

Büste des jugendlichen Nero (Antikensammlung Königl. Schloss Stockholm)

23. Agrippina und Nero – eine schwierige Mutter-Sohn-Beziehung (Tac. ann. 13,12–13: C)

Der junge Nero wurde mit Claudius' Tochter Octavia verheiratet. Allerdings war die Ehe mit ihr nicht besonders glücklich. Nero vergnügte sich lieber anderweitig mit anderen Jugendlichen und der hübschen Freigelassenen Acte; die Beziehung zur Mutter Agrippina verschlechterte sich zusehends …

(12) Ceterum infracta[1] paulatim potentia matris
delapso[2] Nerone in amorem libertae,
cui vocabulum[3] Acte fuit,

1 **īnfrācta** ⟨est⟩: wurde gebrochen – 2 **dēlābī**, -lāpsus sum: sich hingeben – 3 **vocābulum** = nōmen

simul adsumptis in conscientiam M. Othone[4] et
Claudio Senecione, adulescentulis decoris[5]:
Otho stammte aus einer konsularischen Familie,
Senecio war Sohn eines kaiserlichen Freigelassenen.
⟨Acte / Senecio?⟩

4 **Othō**, ōnis: *wurde später ganz kurz als Neros Nachfolger Princeps* – 5 **decōrūs**, a, um: hübsch

ignarā matre, dein frustra obnitente[6],
penitus inrepserat[7] per luxum et ambigua secreta[8], ne
senioribus quidem principis amicis adversantibus[9],
mulierculā[10] nullā cuiusquam iniuriā[11] cupidines
principis *explente*[12],
quando[13] uxore ab Octavia,

6 **obnītēre**: sich dagegen sträuben – 7 **inrēpere**: sich einschleichen – 8 **ambigua sēcrēta**: zweideutige Vertraulichkeiten – 9 **adversārī**: dagegen sein – 10 **muliercula**: Flittchen (= Acte) – 11 **nūllā cuiusquam iniūriā**: ohne jemandem zu schaden – 12 **explēre**: erfüllen – 13 **quandō** = quiā

nobili quidem et probitatis spectatae,
fato[14] quodam an[15] quia praevalent[16] inlicita[17],
abhorrebat[18];
metuebaturque,
ne ⟨Nero⟩ in stupra feminarum inlustrium[19]

14 **fātō**: *hier etwa:* von Natur aus – 15 **an**: oder – 16 **praevalēre**: reizvoller sein – 17 **inlicitum**: das Verbotene – 18 **abhorrēre ab**: angewidert sein von – 19 **inlūstris**: vornehm, adlig

prorumperet[20], si illā libidine prohiberetur.

20 **prōrumpere in**: sich stürzen auf, begehen

(13) *Aber Agrippina war hysterisch: Eine Freigelassene als Konkurrentin! Eine Magd als Schwiegertochter! Und so weiter und so fort …;*
neque paenitentiam filii aut satietatem opperiri[21],

21 **opperīrī** *(hist. Inf.)*: abwarten

quantoque foediora exprobrabat[22],

22 **exprobrāre**: vorwerfen

⟨tanto⟩ acrius accendere[23],

23 **accendere** *(hist. Inf.)*: *ergänze »ihn«; Hauptsatzprädikat*

potentia – conscientia – ignarus – quisquam – quanto-tanto | Abl. Abs. – *metuere ne* – Kompar. – hist. Inf.

donec ⟨Nero⟩ vi amoris subactus[24]
exueret[25] obsequium in matrem
seque Senecae permitteret[26]:
Einer von Senecas Verwandten half Nero aus und tat so,
als sei er der Liebhaber Actes, um die jugendliche Wollust
Neros zu verheimlichen.
Tum Agrippina versis artibus
per blandimenta iuvenem adgredi[27],
suum potius cubiculum[28] ac sinum[29] offerre[27] (...).
Quin[30] et fatebatur intempestivam[31] severitatem (...).
Quae mutatio neque Neronem fefellit[32];
et proximi amicorum metuebant, orabantque cavere[33]
insidias mulieris semper atrocis, tum et falsae.

24 subăctus: überwältigt

25 exuere: ablegen

26 sē permittere + *Dat.*: *hier:* sich anvertrauen

27 adgredī/offerre: *historische Infinitive* – **28 cubiculum**: Schlafzimmer, Bett – **29 sinus**, ūs *m.*: Busen – **30 quīn**: sogar – **31 intempestīvus**, a, um: unangemessen, ungerecht – **32 fallere**, fefellī: täuschen – **33 cavēre** + *Akk.*: sich in Acht nehmen vor

1. *Vor der Übersetzung:* **Gehen Sie die beiden Textabschnitte zunächst zeilenweise mithilfe der Vokabelangaben durch und sammeln Sie die Informationen, die Sie verstehen; formulieren Sie vorläufige Inhaltsstichpunkte.**
2. *Übersetzung:* **Der Text wirkt aufgrund der vielen** *Ablativi absoluti* **und langen Sätze auf den ersten Blick sehr kompliziert; formulieren Sie – soweit möglich – eine Übersetzung, die die einzelnen Kola möglichst beiordnend (mit »und«) wiedergibt.**
3. **Beschreiben Sie die Entwicklung der Mutter-Sohn-Beziehung im Text und berücksichtigen Sie dabei Neros jugendliches Alter.**
4. **Tacitus geht es in seiner Darstellung häufig um Unterhaltung und Sensation: Weisen Sie dies im Text nach.**
5. **Beschreiben Sie Sprache und Stil des Textes und weisen Sie die besonderen Merkmale des Historiker-Stils nach.**

Nero und Agrippina werden häufig gemeinsam abgebildet. Relief aus einem Museum in Aphrodisias, Türkei.

24. Nero greift durch: Mordpläne gegen Agrippina (Tac. ann. 14,5: B/C)

Die hübsche Acte war schnell vergessen: Inzwischen hatte Nero mit Poppaea Sabina, der Frau seines Freundes Otho, eine neue Geliebte. Otho wurde in die Provinz geschickt und Poppaea wollte den Princeps unbedingt heiraten. Dazu musste sich Nero aber erst von seiner Frau Octavia scheiden lassen, was seine Mutter Agrippina nicht zuließ. Im Jahr 59 reichte es Nero: Er beschloss, seine lästige Mutter zu beseitigen. Nero tat so, als wolle er sich mit Agrippina versöhnen und lud sie zu einem lauschigen Essen auf einem Schiff ein. Dieses war so gebaut, dass es auf See zerbrechen sollte. Agrippina sollte dabei wie durch einen »normalen« Schiffbruch ertrinken.

(5) *Die Götter schickten eine sternenklare Nacht und eine windstille See, als ob sie das geplante Verbrechen ans Licht bringen wollten.*

Nec multum erat progressa navis,
duobus e familiaribus Agrippinam comitantibus,
ex quīs[1] Crepereius Gallus haud procul gubernaculis adstabat;
Acerronia[2] paenitentiam filii et recuperatam matris gratiam per gaudium memorabat,
cum dato signo ruere[3] tectum multo plumbo[4] grave,
pressusque Crepereius et statim exanimatus[5] est:
Agrippina und Acerronia wurden dagegen von den hohen und kräftigen Lehnen ihrer Liege, die dem Gewicht stand hielten, geschützt.
Nec dissolutio navigii sequebatur,
turbatis omnibus et
quod plerique ignari etiam conscios[6] impediebant[7].
Visum[8] dehinc remigibus
unum in latus inclinare atque ita navem submergere;
aber der Beschluss wurde zu langsam umgesetzt;
die Ahnungslosen hinderten die Mord-Helfer zusätzlich;
so sank das Schiff nur langsam.

1 quīs = quibus

2 Acerronia: *Dienerin und Freundin Agrippinas*

3 ruere: *historischer Infinitiv* – **4 plumbum:** Blei – **5 exanimāre:** töten

6 cōnscius: Mitwisser (des Mordes) – **7 impedīre:** (daran) hindern (das Schiff zu versenken) – **8 rēmigibus vīsum** ⟨est⟩ + *Inf.*: die Ruderer beschlossen zu

progredi – familiaris – haud procul – gratia – memorare – turbare | Abl. Abs. / PC – Gerundium

Verum Acerronia[2],
imprudentiā *dum* se Agrippinam esse
utque subveniretur[9] matri principis
clamitat,
contis[10] et remis[11] et navalibus telis conficitur[12].
Agrippina silens eoque minus agnita[13]
(unum tamen vulnus umero excāpit)
⟨primum⟩ nando,
deinde occursu lenunculorum[14] vecta
villae suae infertur[15].

9 subvenīre: zu Hilfe kommen

10 contus, ī: Stange – **11 rēmus**, ī: Ruder – **12 cōnficere**: töten – **13 āgnitus**, a, um: erkannt

14 occursū lēnunculōrum: durch das Herbeieilen von Kähnen – **15 īnferre** + *Dat.*: bringen nach

1. *Vor der Übersetzung:* **Gehen Sie den Text zeilenweise mithilfe der Vokabelangaben durch und erschließen Sie den groben Ablauf der Handlung.**
2. **Erklären Sie die inhaltliche Funktion des ersten Satzes im Textzusammenhang.**
3. **Der Abschnitt ist (fast wie ein Drehbuch) auf Dramatik und Anschaulichkeit hin komponiert: Weisen Sie dies durch entsprechende sprachlich-kompositorische Merkmale nach.**
4. **Diskutieren Sie, ob Tacitus' Darstellung des Mordversuchs Elemente einer Tragödie, einer Komödie, eines Thrillers o. ä. aufweist, und begründen Sie dies.**
5. **Vergleichen Sie das Bild mit dem Text und zeigen Sie, welche Szene es darstellt; weisen Sie Elemente von Dramatik auf dem Bild nach.**

Der Schiffbruch Agrippinas (Gustav Wertheimer, 19. Jh.)

25. Agrippinas Ende (Tac. ann. 14,8: B)

Nero war entsetzt, dass Agrippina den Anschlag überlebt hatte. In seiner Angst wandte er sich an seine Vertrauten Burrus und Seneca. Letzterer empfahl eine Ermordung Agrippinas durch die Prätorianergarde. Doch deren Kommandeur Burrus wies dies entschieden zurück, da die Prätorianer für den Schutz des gesamten *Kaiserhauses verantwortlich seien. Schließlich wurde Anicetus, der Flottenkommandant von Misenum, mit dem Mord beauftragt. Doch zunächst zurück zu Agrippina:*

(8) *Unterdessen hatte sich die Nachricht von Agrippinas Schiffbruch verbreitet, aber man glaubte an ein zufälliges Unglück; viele liefen daher zum Strand:*

Questibus[1], votis, clamore ⟨hominum⟩ diversa rogitantium[2] aut incerta respondentium omnis ora compleri[3];

adfluere[3] ingens multitudo cum luminibus,

atque, ubi ⟨Agrippinam⟩ incolumem esse pernotuit[4], ⟨vel⟩ut ad gratandum[5] sese expedire[6], donec adspectu armati et minitantis agminis[7] deiecti sunt.

Anicetus villam ⟨Agrippinae⟩ statione[8] circumdat refractāque ianuā obvios[9] servorum abripit[10], donec ad forīs cubiculi[11] veniret; ibi pauci adstabant, ceteris terrore inrumpentium exterritis.

Cubiculo[11] modicum lumen inerat et ancillarum una, magis ac magis anxiā Agrippinā, quod nemo[12] a filio: *eine gute Nachricht sähe anders aus;* nunc[13] solitudinem ac repentinos strepitus ⟨esse⟩ extremi mali indicia.

Abeunte dehinc ancillā ⟨Agrippina⟩: »Tu quoque me deseris?« prolocuta respicit Anicetum, trierarcho[14] Herculeio et Obarito centurione classiario[14] comitatum[15]: ac si ad visendum[16] venisset, refotam[17] nuntiaret; *wenn er aber als Mörder komme, glaube sie nicht, dass ihr Sohn dahinter stecke; von ihm sei kein Muttermord befohlen.*

1 questus, ūs *m.*: Klage – **2 dīversa rogitāre**: verschiedene Fragen stellen – **3 complērī, adfluere**: *historische Infinitive*

4 pernōtēscere, -nōtuī: bekannt werden – **5 grātārī** = grātulārī – **6 sē expedīre**: *hist. Inf.*: sich bereit machen – **7 agmen**, minis *n.*: Heerestrupp

8 statiō, ōnis *f.*: Wachtrupp

9 obvius, a: entgegen Kommende(r) – **10 abripere**: wegstoßen – **11 cubiculum**: Schlafzimmer (Agrippinas)

12 nēmō: *ergänze* nūntius vēnit

13 nunc … indicia: *Der Satz drückt die Gedanken Agrippinas aus, daher AcI*

14 triērarchus, centuriō classiārius: *Schiffsoffiziers-Ränge*

15 comitātus + *Abl.*: begleitet von – **16 vīsere**: Besuch abstatten – **17 refōtam** ⟨esse⟩: sie habe sich erholt

Circumsistunt lectum[18] percussores[19] et prior trierarchus fusti[20] caput eius adflixit. Iam in mortem centurioni ferrum[21] destringenti ⟨Agrippina⟩ protendens uterum[22] »ventrem feri[23]« exclamavit multisque vulneribus confecta est[24].

18 lectus, ī: Bett – **19 percussor**: Mörder – **20 fustis**, is *(i-Dekl.)*: Knüppel

21 ferrum = gladius

22 uterus: Unterleib – **23 ferīre**: schlagen – **24 cōnficere**: töten

Fortsetzung (nach Tac. ann. 14,9):
Anschließend soll Nero laut einigen antiken Berichten den Leichnam seiner Mutter betrachtet und ihren schönen Körper gelobt haben. Agrippina wurde noch in derselben Nacht verbrannt, das Begräbnis sehr sparsam ausgestaltet; eine offizielle Grabstätte erhielt sie zu Neros Lebzeiten nicht. Allerdings sorgten ihre Bediensteten für ein bescheidenes Grab bei Misenum. Einige ihrer Bediensteten begingen nach Agrippinas Tod Suizid. Angeblich wurde Agrippina von Astrologen früh gewarnt, dass ihr Sohn, wenn er Princeps werde, sie ermorde. Ihre trockene Antwort darauf: occidat, dum imperet *(»er mag mich töten, wenn er nur herrscht!«).*

1 ***Vor der Übersetzung:*** **Finden Sie im lateinischen Text Ausdrücke für und Hinweise auf die Tötung Agrippinas.**

2 **Arbeiten Sie Agrippinas Charakter heraus, der sich aus der Darstellung ergibt: Überlegen Sie dabei, ob sie auch *virtutes* aufwies, die für das römische Lesepublikum als vorbildhaft gelten konnten.**

3 **Untersuchen Sie das Erzähltempo der Darstellung: Wie entwickeln sich Erzählzeit und erzählte Zeit im Textverlauf?**

4 **Tacitus geht eher sparsam mit direkter Rede um; hier finden sich allerdings einige kurze Beispiele: Begründen Sie, warum Tacitus diese nicht auch in indirekter Rede präsentiert, und beschreiben Sie, wie dies auf das Lesepublikum wirkt.**

26. Nero als Sportler und Künstler (Tac. ann. 14,14: A/B)

Nero war kulturell sehr interessiert und betätigte sich selbst unter anderem als Dichter. Wie viele andere Jugendliche seiner Zeit begeisterte er sich zudem für Pferdesport. Für die meisten römischen Zeitgenossen der Oberschicht galten Neros Aktivitäten allerdings nicht unbedingt als standesgemäß und für einen Herrscher geeignet. Daher übt Tacitus deutliche Kritik an entsprechenden Betätigungen:

Neroni vetus cupido erat
curriculo[1] quadrigarum insistere,
nec minus foedum studium
citharā ludicrum[2] in modum canere.
Concertare equis[3] regium[4] et ⟨ab⟩ antiquis ducibus
factitatum[5] ⟨esse⟩ memorabat,
ihre Siege seien (in Griechenland) von Dichtern gefeiert
worden und die Wagenrennen hätten zu Ehren der Götter
stattgefunden.
Enimvero cantūs Apollini sacros ⟨esse⟩,
talique ornatu adstare[6] non modo Graecis in urbibus,
sed Romana apud templa numen[7] praecipuum et
praescium[7] ⟨adstare⟩.
Nec iam sisti[8] poterat ⟨Nero⟩,
cum Senecae ac Burro visum[9],
ne utraque pervinceret[10], alterum[11] concedere.
Clausumque[12] ⟨in⟩ valle Vaticanā spatium,
in quo equos regeret, haud[13] promisco spectaculo.
Doch bald wurde auch die Bevölkerung dazu eingeladen,
und sie war begeistert, denn das gemeine Volk liebt
ja Vergnügungen und ist froh, wenn der Princeps alles
mitmacht.
Ceterum evulgatus pudor[14] non satietatem[15],
ut rebantur[16], sed incitamentum attulit.
Nero glaubte aber, die Schande werde beseitigt, wenn er
nur viele damit infiziere; daher:

1 **curriculō īnsistere**: auf dem Wagen stehen, Wagenlenker sein

2 **lūdicrus**, a, um: lustig, spaßig

3 **concertāre equīs**: Wagenrennen (zu) betreiben – 4 **rēgium**: eine königliche Beschäftigung – 5 **factitāre**: häufig tun

6 **adstāre**: (als Statue) aufgestellt sein *(Subj.-Akk. = Apollo)* – 7 **nūmen praescium**: Orakelgott (Apollo)

8 **sistere**: stoppen, aufhalten

9 **Senecae ...visum** ⟨est⟩ + *Inf.*: Seneca ... beschlossen zu – 10 **pervincere**: durchsetzen, einfach tun – 11 **alterum**: wenigstens eins von beiden – 12 **clausum** ⟨est⟩: es wurde eingezäunt/abgeschirmt – 13 **haud ... spectāculō**: unter Ausschluss der Öffentlichkeit

14 **ēvulgātus pudor**: Preisgabe von Anstand und Schamgefühl – 15 **satietās**: Abneigung, Überdruss *(gegen das Wagenrennen)* – 16 **rērī**: glauben

nobilium familiarum posteros[17] egestate venales[18] in scaenam[19] deduxit. (...)

Notos quoque equites Romanos operas[20] arenae promittere subegit[21] donis ingentibus;

Lohn und Geschenke von dem, der Befehlsgewalt hat, bedeuten aber faktisch Zwang.

17 posterī, ōrum: Nachkommen – **18 egestāte vēnālis**: wegen Armut käuflich – **19 scaena**: (Theater-) Bühne; *Auftritte als Schauspieler waren für römische Bürger gesellschaftlich nicht akzeptabel* – **20 operās arēnae prōmittere**: einen Auftritt als Gladiator versprechen *(für römische Bürger nicht akzeptabel)* – **21 subigere**, -ēgī: zwingen

1. ***Vor der Übersetzung:*** **Gehen Sie durch den Text und weisen Sie die einzelnen Sätze/Passagen jeweils den Aktivitäten zu, die Nero liebte.**
2. **Tacitus wertet das Verhalten Neros insgesamt negativ: Weisen Sie im Text explizite und implizite Wertungen nach.**
3. **Der Text ist mit seinen Wertungen aus der Perspektive der sozialen Elite Roms geschrieben: Weisen Sie dies im Text nach.**

K Circus, Amphitheater und musische Künste in Rom

Wagenrennen im Circus waren ebenso wie die Gladiatorenspiele sehr populäre Veranstaltungen in Rom und dienten der Massenunterhaltung. Die Principes zeigten sich daher gern bei diesen Spielen als Ausrichter oder Zuschauer. Dennoch war paradoxerweise die aktive Teilnahme hieran für Angehörige der Oberschicht gesellschaftlich nicht akzeptiert oder sogar verboten. Schon im antiken Griechenland waren – anders als von Nero suggeriert – nicht die Adligen selbst Wagenlenker, sondern sie finanzierten nur die Pferdegespanne. Gladiatoren waren in der Regel Unfreie, Kriegsgefangene oder sogar verurteilte Verbrecher. Ähnlich verhielt sich das beim römischen Theater: Zwar gingen die Römer gern in die Aufführungen von Komödien und Tragödien, allerdings stand der Beruf des Schauspielers gesellschaftlich denkbar niedrig. Speziell Frauen als Schauspielerinnen arbeiteten häufig auch als Prostituierte. Musische Künste schließlich (Singen, Instrumente spielen) gehörten in Rom – ganz anders als in Griechenland – gerade *nicht* zum Bildungskanon; entsprechend galt deren aktive Ausübung durch Angehörige der Oberschicht mindestens als lächerlich, wenn nicht gar als anrüchig.

As von 64 n. Chr.: Nero als Apollo Citharoedus mit der Lyra.

27. Rom brennt – ist Nero schuld? (Tac. ann. 15,38; zweisprachig)

Im Jahr 64 n. Chr. suchte ein verheerender Brand die Stadt Rom heim. Wer oder was den Brand verursacht hat, ist letztlich nicht bekannt.

Sequitur clades, forte an dolo principis incertum (nam utrumque auctores prodidere), sed omnibus, quae huic urbi per violentiam ignium acciderunt, gravior atque atrocior.	Es folgte eine Katastrophe, ob durch Zufall oder Bosheit des Princeps ist unsicher (denn beide Erklärungen überliefern die Geschichtsschreiber), aber sie war schlimmer und furchtbarer als alles, was je durch die Kraft des Feuers in dieser Stadt passiert ist.
Initium in ea parte circi ortum, quae Palatino Caelioque montibus contigua est, ubi per tabernas, quibus id mercimonium inerat, quo flamma alitur, simul coeptus ignis et statim validus ac vento citus longitudinem circi corripuit. Neque enim domus munimentis saeptae vel templa muris cincta aut quid aliud morae interiacebat.	Der Brand begann in dem Teil des Circus, der an den Palatinischen und Caelischen Hügel grenzt, wo er in den Buden, in denen sich brennbare Waren befanden, ausbrach; er wurde schnell stärker; das Feuer erfasste, angefacht durch den Wind, die ganze Länge des Circus. Denn keine Palais mit Schutzbauten oder Tempel mit Mauereinfassung oder sonst ein Brandhindernis lagen dazwischen.
Impetu pervagatum incendium plana primum, deinde in edita adsurgens et rursus inferiora populando anteiit remedia velocitate mali et obnoxia urbe artis itineribus hucque et illuc flexis atque enormibus vicis, qualis vetus Roma fuit.	Der Brand zerstörte mit Ungestüm zuerst die unteren Stadtteile, stieg dann in die höheren Regionen auf, verwüstete wiederum die niedrig gelegenen Teile und kam allen Gegenmaßnahmen zuvor durch die Schnelligkeit der Katastrophe und weil die Stadt mit ihren engen und verwinkelten Straßen sowie ihren gewaltigen Häusermassen, wie sie das alte Rom hatte, ausgeliefert war.
Ad hoc lamenta paventium feminarum, fessa aetate aut rudis pueritiae aetas, quique sibi quique aliis consulebant, dum trahunt invalidos aut opperiuntur, pars mora, pars festinans, cuncta impediebant.	Dazu kam das Wehgeschrei der verängstigten Frauen; altersschwache Greise oder hilflose Kinder; solche, die für sich oder für andere sorgten, indem sie Hilflose mitschleppten oder auf sie warteten, versperrten überall den Weg, die einen durch Warten, die anderen durch Hast.
Et saepe, dum in tergum respectant, lateribus aut fronte circumveniebantur, vel si in proxima evaserant, illis quoque igni correptis, etiam quae longinqua crediderant, in eodem casu reperiebant.	Oft wurden sie, während sie rückwärts schauten, von der Seite oder von vorn abgeschnitten; aber wenn sie in die Umgebung durchgedrungen waren, war auch diese vom Feuer erfasst und selbst, was sie weit entfernt geglaubt hatten, trafen sie in derselben Gefahr an.

Postremo, quid vitarent quid peterent ambigui, complere vias, sterni per agros; quidam amissis omnibus fortunis, diurni quoque victus, alii caritate suorum, quos eripere nequiverant, quamvis patente effugio interiere.

Als sie zuletzt nicht mehr wussten, was sie meiden, wohin sie flüchten sollten, füllten sie die Straßen, ließen sich auf den Feldern nieder; manche starben nach dem Verlust ihres Besitzes, sogar den für ihren täglichen Lebensbedarf, andere aus Liebe zu ihren Angehörigen, die sie nicht hatten retten können, obwohl ein Ausweg offenstand.

Nec quisquam defendere audebat, crebris multorum minis restinguere prohibentium, et quia alii palam faces iaciebant atque esse sibi auctorem vociferabantur, sive ut raptus licentius exercerent seu iussu.

Auch wagte niemand das Ganze zu stoppen, da viele unter wiederholten Drohungen das Löschen verhinderten, und weil andere sogar offen Feuer legten und laut riefen, sie handelten auf Befehl, sei es, um ungestört rauben zu können, sei es wirklich auf Befehl.

1. **Recherchieren Sie mithilfe eines Stadtplans vom antiken Rom die im Text genannten Stadtteile.**
2. **Beschreiben Sie, mit welchen Mitteln Tacitus das Geschehen dramatisiert.**
3. **Am Beginn des Textabschnitts behauptet Tacitus zwar, der Urheber des Brandes (Nero?) sei nicht sicher zu ermitteln; untersuchen Sie den Text auf (implizite) Hinweise, die zumindest einen Verdacht nahelegen.**
4. **Stellen Sie aus dem lateinischen Text Wörter aus den folgenden Sachfeldern zusammen: Brand – Gebäude – Emotionen/Angst.**

Reste nach dem Brand Roms

K Feuerwehr im antiken Rom

Die Metropole Rom wurde in erschreckender Regelmäßigkeit von Bränden heimgesucht. Vor allem bei den mehrstöckigen, teils über 20 Meter hohen Mietskasernen mit gemeinsamen Wänden konnte ein Feuer leicht und schnell auf andere Gebäude übergreifen und ganze Stadtviertel in Flammen aufgehen lassen. Von Gegenmaßnahmen durch private Löschtrupps wird erstmals für die Zeit Caesars berichtet. Als der Senator Egnatius Rufus in augusteischer Zeit die Gunst des Volkes gewann, indem er seine Sklaven zur Brandbekämpfung einsetzte, reagierte der erste Princeps mit der Aufstellung einer eigenen Einsatztruppe zur Brandprävention und -bekämpfung. Dies war die Geburtsstunde der ersten staatlichen Feuerwehr. Bestand sie zunächst aus 600 Sklaven, wurde sie nach einem verheerenden Brand im Jahr 6 n. Chr. reorganisiert und setzte sich nun aus 7000 Freigelassenen zusammen, deren sieben Abteilungen *(cohortes vigilum)* für jeweils zwei der 14 städtischen Regionen zuständig und in über die Stadt verteilten Kasernen stationiert waren. Unterstellt waren die *vigiles* einem Präfekten aus dem Ritterstand. Wichtige Bauvorschriften und weitere Brandschutzmaßnahmen hatte die Stadt dann Nero zu verdanken (s. S. 72–73).

28. Nero nutzt den Brand für eigene Zwecke: die *domus aurea* (Tac. ann. 15,42–43: zweisprachig)

Für Nero war der Brand Roms gar nicht so unvorteilhaft: Er nutzte das frei gewordene Areal in der Stadt u. a. für den Bau seines neuen Palastes, der domus aurea *(»goldener Palast«):*

(42) Ceterum Nero usus est patriae ruinis exstruxitque domum; in qua haud proinde gemmae et aurum miraculo essent, solita pridem et luxu vulgata, quam arva et stagna et in modum solitudinum hinc silvae, inde aperta spatia et prospectus, magistris et machinatoribus Severo et Celere, quibus ingenium et audacia erat etiam, quae natura denegavisset, per artem temptare et viribus principis inludere.

Übrigens nutzte Nero die Zerstörung seiner Vaterstadt und erbaute einen Palast, an dem nicht so sehr Edelsteine und Gold, schon lange etwas Normales und durch den Luxus gewöhnlich Gewordenes, Bewunderung erzeugen sollten, als vielmehr Auen und Teiche und, wie bei einsamen Gegenden, hier Wälder, dort freie Plätze und weite Aussichten, auf Anweisung und gemäß der Ausführung von Severus und Celer, die Talent und Mut hatten, um sogar das, was die Natur versagt hatte, durch Kunst zu versuchen und die Mittel des Princeps zu verschwenden.

Namque ab lacu Averno navigabilem fossam usque ad ostia Tiberina ⟨se⟩ depressuros promiserant squalenti litore aut per montes adversos. Neque enim aliud umidum gignendis aquis occurrit quam Pomptinae paludes: cetera abrupta aut arentia, ac si perrumpi possent, intolerandus labor nec satis causae. Nero tamen, ut erat incredibilium cupitor, effodere proxima Averno iuga conisus est, manentque vestigia inritae spei.

Sie hatten nämlich versprochen, vom Averner See bis an die Tibermündung einen schiffbaren Kanal durch staubige Uferbereiche oder davorliegende Anhöhen zu verlegen. Denn außer den Pontinischen Sümpfen gibt es dort nirgends Wasser; das übrige Land ist zerklüftet oder trocken, und selbst wenn man durchbrechen könnte, wäre es unzumutbare und kaum lohnende Mühe. Nero jedoch unternahm, weil er eine Vorliebe hatte für das, was unmöglich scheint, Anstrengungen, die dem Averner See nächstgelegenen Anhöhen zu durchstechen, und noch heute sieht man die Spuren der unerfüllten Pläne.

(43) Ceterum urbis quae domui supererant non, ut post Gallica incendia, nulla distinctione nec passim erecta, sed dimensis vicorum ordinibus et latis viarum spatiis cohibitaque aedificiorum altitudine ac patefactis areis additisque porticibus, quae frontem insularum protegerent.

Übrigens wurde, was sein Palast für die Stadt übrig ließ, nicht, wie nach dem gallischen Brand, ohne Plan da und dort wieder aufgebaut, sondern die Linien der Häuserreihen wurden abgemessen und breite Straßen gelassen; die Höhe der Gebäude wurde begrenzt; man ließ freie Vorplätze und baute Säulengänge zum Schutz der Vorderseite der Mietshäuser.

Eas porticūs Nero suā pecuniā exstructurum purgatasque areas dominis tradīturum pollicitus est. Addidit praemia pro cuiusque ordine et rei familiaris copiis, finivitque tempus, intra quod effectis domibus aut insulis apiscerentur. (…)

Diese Hallen versprach Nero auf eigene Kosten zu errichten und die Bauplätze, vom Schutt befreit, den Besitzern zu übergeben. Auch setzte er Preise nach dem Stand und den Vermögensverhältnissen eines jeden fest, und bestimmte eine Frist, innerhalb derer die Stadtpalais und Mietshäuser fertig sein mussten. (…)

Iam aqua privatorum licentiā intercepta quo largior et pluribus locis in publicum flueret, custodes. Et subsidia reprimendis ignibus in propatulo quisque haberet; nec communione parietum, sed propriis quaeque muris ambirentur.

Damit das Wasser, das bisher von Privaten willkürlich einfach so abgezapft wurde, reichlicher und auf mehr öffentliche Plätze fließe, gab es Aufsichtspersonal. Ferner sollte ein jeder Löschapparate im freien Hofraum haben; und die Häuser sollten keine gemeinsamen Wände haben, sondern ein jedes mit eigener Brandmauer umgeben sein.

1. **Finden Sie die unterstrichenen Ausdrücke im lateinischen Originaltext und erklären Sie gegebenenfalls die Konstruktion im Lateinischen.**
2. **Stellen Sie die Merkmale zusammen, die das Besondere der *domus aurea* ausmachen (Kap. 42).**
3. **In der römischen Antike wurden das »Künstliche« und die Überwindung der »wilden« Natur positiv gewertet: Weisen Sie diese Bestrebungen an Neros Baumaßnahmen nach (Kap. 42).**
4. **Stellen Sie die Maßnahmen Neros zusammen, die bei der Neuplanung der zerstörten Stadtareale dem Gemeinwohl zugute kamen (Kap. 43).**

K Die *domus aurea* – ein Palast neuen Typs

Die *domus aurea* ist bezeichnend für das Selbstverständnis und die Selbstinszenierung Neros. Nach dem Brand im Juli 64 wurde mit dem Bau der monumentalen Anlage begonnen, die mit einer Gesamtfläche von mehr als 70 Hektar größer war als eine Stadt wie Pompeij. Als Gipfel der Extravaganz kann die nach dem Koloss von Rhodos benannte, mit über 30 Metern größte Bronzestatue der Antike gelten, die Neros Züge mit der Gestalt des Sonnengottes verband.

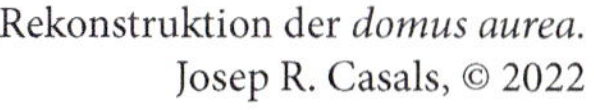

Rekonstruktion der *domus aurea*.
Josep R. Casals, © 2022

29. Waren die Christen schuld am Brand Roms? (Tac. ann. 15,44: B)

Die Gerüchte über Brandstiftung reißen nicht ab. Um die Schuld auf andere zu lenken, beschuldigt Nero die Christen, den Brand Roms verursacht zu haben. Dies nimmt Tacitus zum Anlass, einen Exkurs zu den Vertretern dieser neuen »Sekte« in sein Werk einzubauen. Die folgende Passage ist übrigens die früheste Bezeugung von Christen und Jesus Christus in der römischen Literatur.

Sed non ope[1] humana, non largitionibus principis aut deum[2] placamentis decedebat infamia[3], quin iussum incendium crederetur. Ergo abolendo[4] rumori Nero subdidit reos[5] et quaesitissimis[6] poenis adfecit ⟨eos⟩, quos per flagitia invisos vulgus Chrestianos[7] appellabat. Auctor nominis eius Christus Tiberio imperitante[8] per procuratorem Pontium Pilatum supplicio[9] adfectus erat; repressaque[10] in praesens[11] exitiablilis superstitio rursum erumpebat, non modo per Iudaeam, originem eius mali, sed per urbem[12] etiam, quo cuncta undique atrocia aut pudenda[13] confluunt celebranturque. Igitur primum correpti, qui fatebantur[14], deinde indicio[15] eorum multitudo[16] ingens haud proinde[17] in crimine incendii quam[17] odio humani generis convicti sunt[18].

Und die zum Tode Verurteilten wurden noch zusätzlich verspottet, indem sie mit Fellen wilder Tiere bedeckt von Hunden zerrissen oder gekreuzigt oder verbrannt wurden; die brennenden Menschen wurden nachts als lebende Fackeln benutzt.

Hortos[19] suos ei spectaculo Nero obtulerat[20], et circense ludicrum[21] edebat[22], habitu aurigae permixtus[23] plebi vel curriculo insistens[24].

1 ops, is *f.*: *hier etwa:* Einwirken, Zutun – **2 deum** = deōrum – **3 īnfāmia quīn**: das üble Gerücht, dass – **4 abolendō**: *-nd-Formen im Dat. sind final* (»um zu«) **5 reōs subdidit**: er beschuldigte – **6 quaesītus**: *hier:* raffiniert – **7 Chrēstiānī** = Chrīstiānī »Christen« – **8 imperitāre**: (als Princeps) herrschen – **9 supplicium**: *hier:* Kreuzigung

10 repressus: unterdrückt – **11 in praesēns**: eine Zeit lang

12 urbem = Rōmam

13 pudendum: Abscheulichkeit

14 fatērī: sich (zum Christentum) bekennen – **15 indicium**: Aussage (bei Gericht) – **16 multitūdō**: *ergänze:* aliōrum Chrīstiānōrum – **17 haud proinde, quam**: zwar nicht unbedingt, dafür aber – **18 convincere**, -vīcī, -victum + *Abl.*: einer Sache überführen

19 hortī, ōrum *Pl.*: Park(anlage) – **20 offerre**, obtulī: zur Verfügung stellen – **21 lūdicrum**: (Schau-) Spiel – **22 ēdere**: veranstalten – **23 permixtus** + *Dat.*: sich mischend unter – **24 curriculō īnsistere**: auf dem Wagen stehen

Daher entstand sogar für Schuldige, die sicher die härtesten Strafen verdient haben, Mitleid, so als würden sie nicht für das Allgemeinwohl, sondern für die Grausamkeit eines Einzelnen geopfert.

1 **Arbeiten Sie heraus, welche Charaktereigenschaften Neros in dieser Textstelle zutage treten.**

2 **Weisen Sie Merkmale von Dramatisierung und Emotionalisierung in der Darstellung nach.**

3 **Arbeiten Sie aus dem Text heraus, welche Einstellung Tacitus gegenüber den Christen hatte.**

K Christen in Rom

Juden und Christen galten aus römischer Perspektive zunächst als Angehörige ein und derselben Religion. Wenn Tacitus' Bericht stimmt, scheint Nero bereits das Christentum als eigenständige Glaubensgemeinschaft oder zumindest als jüdische »Sekte« identifiziert zu haben. Das Judentum genoss einen staatlich garantierten Sonderstatus innerhalb des Römischen Reiches, während das Christentum bis in die Spätantike als staatsgefährdend galt. Speziell Tacitus hatte gegenüber beiden Religionen Vorurteile: So soll er laut dem christlichen Kirchenvater Tertullian (*Apologeticum* 16,2–5) behauptet haben, die Juden hätten besonders Esel verehrt, weil sie ihnen beim Auszug aus Ägypten geholfen hätten. Diese Eselsverehrung wurde auch auf die Christen übertragen. Ein bekanntes Zeugnis hierfür ist ein Graffito aus dem flavischen Kaiserpalast auf dem Palatin: Es zeigt einen gekreuzigten Esel, der von einem Alexamenos verehrt wird. Eine genaue Datierung ist nicht möglich, aber die Zeichnung kann frühestens um 123 n. Chr. entstanden sein. Der griechische Satz unter der Zeichnung lautet: Ἀλεξάμενος σέβετε [= σέβεται] Θεόν (*Alexámenos sébetai Theón* »Alexamenos verehrt Gott [= einen Esel]«). Offenbar macht sich hier jemand über den Christen Alexamenos lustig.

Alexamenos-Graffito

30. Die Pisonische Verschwörung

Der Althistoriker Helmuth Schneider hat in einem Sammelband über die römischen Kaiser den Beitrag über Nero verfasst; über die Pisonische Verschwörung schreibt er:

Nach dem Brand Roms wuchs unter den Senatoren und den Offizieren der Prätorianer die Erbitterung über Neros Verhalten; es bildete sich um den Konsular Gaius Calpurnius Piso ein Kreis von Verschwörern, die teils aus persönlicher Enttäuschung, teils aus politischen Beweggründen Nero ermorden und Piso zum Prinzeps machen wollten. Durch Zufall wurde die Verschwörung kurz vor dem geplanten Attentat aufgedeckt, und Nero reagierte mit panischer Angst auf die ersten unter Folter erpreßten Geständnisse. Auf reguläre Gerichtsverfahren wurde verzichtet, Personen, die man verdächtigte, sich an der Verschwörung beteiligt zu haben, wurden von Soldaten umgebracht oder zum Selbstmord gezwungen. Prominente Opfer waren der wohl zu Unrecht beschuldigte Seneca und der Dichter Lucan. Die Motive der Verschwörer hat prägnant der Prätorianer Subrius Flavius formuliert, der auf die Frage Neros, warum er seinen Fahneneid gebrochen habe, antwortete: »Ich haßte dich. Keiner von den Soldaten war dir treuer, solange du es verdientest, geliebt zu werden. Zu hassen begann ich dich, nachdem du zum Mörder deiner Mutter und deiner Gattin, zum Wagenlenker und Schauspieler und Brandstifter geworden warst.« Um sich die Loyalität der Soldaten zu sichern, ließ Nero den Prätorianern pro Mann 2000 Sesterzen auszahlen; um das brutale Vorgehen gegen die Verschwörer zu rechtfertigen, wurden ihre Geständnisse in Buchform publiziert.

Der Niederschlagung der Verschwörung folgte eine Welle von Anklagen und Prozessen gegen Senatoren, die früher Kritik an Nero geübt hatten; gerade Anhänger der stoischen Philosophie galten als Gegner des Kaisers und wurden angeklagt, darunter der Konsular Publius Thrasea Paetus, der seine Mißbilligung der von Nero geforderten Senatsbeschlüsse durch Fernbleiben von den Senatssitzungen zum Ausdruck gebracht hatte und nun zum Tode verurteilt wurde. Vor den Sitzungen ließ Nero das Senatsgebäude und das Forum von Soldaten besetzen und so jede freie Diskussion im Senat unterbinden. Die Politik Neros wurde immer stärker von dem Ressentiment gegen den Senat bestimmt. Wahrscheinlich in dieser Zeit erklärte Nero, kein Herrscher vor ihm habe gewußt, was ihm alles erlaubt sei; mit einer solchen Äußerung machte Nero deutlich, dass er nicht mehr gewillt war, sich am Vorbild des Augustus bzw. des augusteischen Prinzipats zu orientieren.

(aus: Helmuth Schneider, Nero, in: Die römischen Kaiser. 55 historische Porträts von Caesar bis Iustinian, hrsg. von Manfred Clauss, München 1997, S. 77–86, hier: S. 82 f. © C.H. Beck Verlag)

K Senatorische Opposition gegen den Kaiser

An Verschwörungen gegen einen Kaiser wie der Pisonischen waren zwar Angehörige verschiedener gesellschaftlicher Gruppen beteiligt, sie wurden aber maßgeblich von Mitgliedern der Senatsaristokratie initiiert und getragen. Eine Verschwörung war aber nur so etwas wie die Spitze eines Eisbergs. Weitaus häufiger war ein Verhalten, das als Opposition bezeichnet werden kann. Wenn ein Princeps in der Kommunikation mit dem Senat versagte oder in neue Rollen schlüpfte und so an Akzeptanz verlor, bildete sich eine Opposition unter den Aristokraten. Es handelte sich aber in der Regel nicht um eine geschlossene Gruppe, und es waren auch nicht ausschließlich Senatoren, die besonders von der stoischen Philosophie geprägt waren.

Grundsätzlich war in der Herrschaftsform des Prinzipats ein andauernder Konflikt zwischen Senat und Princeps angelegt, der zu einer Art oppositioneller Grundhaltung des Senats führte:

Pro forma bestand ja die Republik mit dem Senat als zentralem Organ weiter; der Senat war weiterhin in die Herrschaft mit einbezogen und bildete noch die soziale Elite, aber das Machtmonopol lag jetzt eindeutig beim Kaiser. Deshalb beklagten Senatoren und damit auch senatorische Geschichtsschreiber wie Tacitus den Verlust der Freiheit, womit sie natürlich ihre Freiheit bzw. ihre Handlungsfreiheit oder ihren Handlungsspielraum meinten und nicht die Freiheit der gesamten Gesellschaft.

K *Libertas* bei Tacitus

Im Proöm des *Agricola* (1,3,1) erkennt Tacitus an, dass der Kaiser Nerva zwei einst unvereinbare Dinge, Prinzipat und Freiheit, miteinander verbunden habe *(res olim dissociabiles miscuerit, principatum et libertatem).* Was also versteht Tacitus unter *libertas?* Meint er etwa immer die republikanische Freiheit der Senatsaristokratie, also deren kollektive Herrschaft im Staat ohne ein übergeordnetes Individuum? Der Altphilologe Meinolf Vielberg hat gezeigt, dass der Begriff *libertas* im Sprachgebrauch des Historikers sehr viele Bedeutungen hat. Er kann sich auf Völker oder Staaten beziehen, aber auch als Verhaltensmuster auf Einzelpersonen oder Gruppen. Also kann er die politische Freiheit eines Volkes von Königs- oder Fremdherrschaft meinen, die relative Autonomie eines Stadtstaates innerhalb des Römischen Reiches, oder auch den Leitbegriff der Römischen Republik und metonymisch diese Regierungsform selbst. *Libertas* bedeutet zudem die persönliche Freiheit des Bürgers im Unterschied zum Sklaven ebenso wie Freiheitsdrang, Handlungs- und Redefreiheit und damit auch Freimut oder Zivilcourage. Doch bezeichnet der Begriff nicht nur einseitig Verhaltensmuster wie die der Senatoren, sondern auch ein bestimmtes Verhältnis des Princeps zum Senat; *libertas* kann also vom Kaiser garantiert und von der Senatsaristokratie beansprucht werden, wenn der Wille dazu vorhanden ist. Für Tacitus liegt *libertas* aber auch gefährlich nah an *licentia,* der Zügellosigkeit. So resümiert Stephan Schmal in seinem Studienbuch über Tacitus (s. o. S. 53): »Es spricht manches dafür, dass Tacitus – genau wie viele Zeitgenossen – in der Frage der Freiheit einen ›Mittelweg‹ favorisiert, demzufolge die *libertas* zwar ein grundsätzlich anzustrebendes politisches Gut ist, ein Zuviel davon aber Schaden bringt und zu Lasten von Sicherheit und Ordnung im Staat geht.«

31. Ein Philosophen-Tod: Senecas Suizid (Tac. ann. 15,60–63: Übersetzung)

Nach der Ermordung Agrippinas hatte sich Neros ehemaliger Erzieher Seneca von den Regierungsgeschäften zurückgezogen und wirkte nur noch als Philosoph. Seneca war der bedeutendste Vertreter der römischen Stoa. Als die senatorische Verschwörung um Piso gegen Nero aufgedeckt wurde, geriet auch Seneca in den Verdacht, daran beteiligt gewesen zu sein. Nero schickte daher einen Boten mit dem Auftrag an den Philosophen, sich selbst zu töten. Seneca inszeniert seinen Freitod betont stoisch-gelassen und ahmt den Philosophentod des Sokrates nach:

(60) Es folgt die Ermordung *(caedes)* des Annaeus Seneca, für den Princeps sehr erfreulich, nicht weil er dessen Beteiligung an der Verschwörung erwiesen hatte, sondern weil er das Schwert anwenden konnte, nachdem es mit Gift nicht funktioniert hatte. (…)

(61) Als dies vom Tribun in Anwesenheit der Poppaea und des Tigellinus berichtet wurde, die den geheimsten Rat des wahnsinnigen Princeps bildeten, fragte Nero, ob Seneca sich für den Freitod vorbereite. Der Tribun versicherte, kein Zeichen von Furcht, keine Traurigkeit in Worten oder Mienen sei zu bemerken gewesen. Daher erhielt er den Befehl, noch einmal zurückzugehen und Seneca den Tod anzusagen. (…) Doch der Tribun war feige und wollte den Frevel vermeiden; er schickte einen der Centurionen zu Seneca, der ihm die Unvermeidbarkeit seines Ablebens ankündigen sollte.

(62) Seneca verlangte unerschütterlich die Schreibtafeln mit seinem Testament; und da der Centurio dies nicht gestattete, wandte Seneca sich seinen Freunden zu und erklärte: Da man ihm verwehre, ihnen für ihre Verdienste um seine Person zu danken, vermache er ihnen das Einzige, aber zugleich Schönste, was er habe, nämlich das Bild seines Lebens; wenn sie das Andenken daran bewahrten, werde ihnen der Ruhm höherer Bildung und treuer Freundschaft als Lohn zuteil.

Zugleich versuchte er, ihre Tränen bald durch Unterhaltung, bald durch strengere Zurechtweisung in Richtung Standhaftigkeit umzulenken, indem er sie immer wieder fragte, wo denn die Lehren der Weisheit seien, wo die so viele Jahre lang eingeübte Vernunft als Schutz gegen das Schicksal. Wem sei denn die Grausamkeit Neros unbekannt gewesen? Nach der Ermordung der Mutter und Geschwister sei nichts mehr übrig, als dass er den Tod seines Erziehers und Lehrers hinzufüge.

(63) Nachdem er dies und Ähnliches allen dargelegt hatte, umarmt er seine Gattin und, angesichts der gegenwärtigen Situation etwas weicher gestimmt, bittet und fleht er, sie solle sich fassen, sich keinem bleibenden Schmerz hingeben, sondern angesichts seines in Tugend *(per virtutem)* geführten Lebens die Sehnsucht nach ihrem Ehemann durch heldenhafte Trostgedanken ertragen. Sie dagegen erklärte entschlossen, auch sie habe sich für den Tod entschieden, und verlangte nach einer Hand, die sie töte.

Seneca wehrte ihren Heldenmut nicht ab und sprach darauf zugleich aus Liebe, um nicht die einzig Geliebte Misshandlungen auszusetzen: »Ich hatte dir den Trost des Lebens gezeigt, du ziehst den Ruhm des Todes vor. Ich verweigere dir nicht die vorbildhafte Tat. Bei uns beiden möge die Standhaftigkeit eines mutigen Todes gleich sein, größerer Ruhm soll in deinem Ende sein.«

Hierauf lassen sich beide mit demselben Schnitt die Arme öffnen. Seneca lässt sich, weil bei seinem alten und durch spärliche Nahrung geschwächten Körper das Blut nur langsam abfloss, auch noch die Adern an Schenkeln und Knien aufschneiden. Von starken Schmerzen erschöpft rät er seiner Gattin, um sie nicht durch seine Schmerzen zu entmutigen und nicht selbst durch den Anblick ihrer Martern die Fassung zu verlieren, in ein anderes Zimmer zu gehen. Noch im letzten Augenblick stand ihm seine Redekunst zu Gebot; er ließ Schreiber rufen und diktierte ihnen sehr vieles, was mit seinen eigenen Worten veröffentlicht ist; daher will ich es hier nicht verändert wiedergeben.

1 **Gliedern Sie den Text und geben Sie den Abschnitten Zwischenüberschriften.**

2 **Weisen Sie Merkmale von Dramatisierung und Emotionalisierung in der Darstellung nach.**

3 **Nennen Sie die Merkmale von *virtus* und deren Gegenteil (z. B. Feigheit) bei den erwähnten Handlungsfiguren.**

4 **Recherchieren Sie die Todesumstände des griechischen Philosophen Sokrates und finden Sie Parallelen zu Senecas Tod.**

5 **In der wissenschaftlichen Forschung ist es umstritten, ob Tacitus in dieser ausführlichen Todesszene den Philosophen Seneca ausschließlich positiv als Vorbild würdigt oder ob er dessen stoisches »Heldentum« implizit ironisiert: Untersuchen Sie den Text diesbezüglich und erörtern Sie die unterschiedlichen Auffassungen.**

6 **Beschreiben Sie die Szene auf dem Bild und erläutern Sie dabei die Wirkung, die Seneca und die Menschen um ihn herum auf Sie haben.**

Luca Giordano: Der Tod des Seneca (17. Jh.)

32. Ein Kaiser wird abgesetzt (Cassius Dio 63,27–29; Übersetzung)

Die Annalen-Kapitel, die Tacitus' Darstellung von Neros Ende enthielten, sind leider nicht überliefert. Allerdings überliefern u. a. spätere griechische Historiker diese Ereignisse: Im Heer wächst der Unmut über Nero so sehr, dass es dessen alten Jugendfreund Galba zum Princeps ausruft. Daraufhin setzen sich einflussreiche Persönlichkeiten in Rom von Nero ab.

(27) 2 Jetzt, da Nero von allen in gleicher Weise aufgegeben war, fasste er den Plan, die Senatoren zu ermorden, die Stadt anzuzünden und nach Alexandria (Ägypten) zu fahren. Dazu machte er sogar eine Andeutung: »Selbst wenn wir hier vom Thron vertrieben werden, wird uns unser bescheidenes Talent in Alexandria nützen.« So weit war er von allen guten Geistern verlassen, dass er tatsächlich glaubte, er könne einfach so als Privatmann und noch dazu als Kithara-Spieler weiterleben.

Als Nero gerade diese Pläne umsetzen wollte, zog der Senat die Leibwache des Princeps ab, begab sich dann zum Heerlager, erklärte Nero zum Staatsfeind und wählte an dessen Stelle Galba zum Princeps.

3 Als Nero erfuhr, dass sogar seine Leibgarde ihn verlassen hatte (er schlief gerade in irgendeinem Park), versuchte er zu fliehen. Er zog sich ärmliche Kleidung an, bestieg einen alten Gaul und machte sich nachts mit verhülltem Haupt und wenigen Begleitern auf den Weg zum Landgut seines Freigelassenen Phaon.

(28) 1 Trotz seiner Verkleidung wurde er aber unterwegs schon von entgegen Kommenden erkannt und als Princeps begrüßt. Er verließ die Straße und versteckte sich im Gebüsch. 2 Dort lag er flach auf dem Boden und wartete bis Tagesanbruch. (…) 5 Erst nach langer Zeit, als niemand kam und nach ihm suchte, wechselte er den Aufenthaltsort und versteckte sich in einer Höhle. (…) Aber man suchte überall nach ihm und machte sein Versteck ausfindig. (…)

(29) 2 Als Nero nun merkte, dass seine Verfolger näher kamen, befahl er seinen wenigen Begleitern, ihn zu töten. Sie weigerten sich jedoch und Nero rief stöhnend: »Ich bin der einzige, der weder Freund noch Feind hat!« Da kamen die Reiter schon näher und Nero versuchte sich selbst zu töten, nachdem er den berühmten Satz gesagt hatte: »Ach, was für ein Künstler stirbt doch mit mir!« Aber da er immer noch nicht ganz tot war, tötete ihn schließlich sein Diener Epaphroditos.

1. **Beschreiben Sie den Charakter Neros, der sich aus der Darstellung ergibt; überlegen Sie auch, wie ein »ehrenhaftes« Ende Neros hätte aussehen können.**
2. **Arbeiten Sie Elemente von Spannung und Dramatik aus der Darstellung heraus.**
3. **Die Passagen stammen zwar nicht von Tacitus selbst, aber vergleichen Sie die Darstellungsweise und Nero-Wertung mit dem von Tacitus Bekannten: Welche Gemeinsamkeiten lassen sich feststellen?**

33. »Nero – Kaiser, Künstler und Tyrann« – Versuch einer Bilanz

Die Überschrift zitiert den Titel einer großen Trierer Nero-Ausstellung und ihres Begleitbandes, die ein differenziertes Nero-Bild auf Basis der modernen Forschung präsentieren. Darin zieht der Althistoriker und ZEIT-Autor Alexander Bätz eine Bilanz:

[...] Wenige antike Menschen sind noch heute in weitesten Bevölkerungskreisen so präsent wie der letzte Kaiser der julisch-claudischen Dynastie. In dieser Hinsicht spielt Nero in einer Liga mit Alexander d. Gr. und Caesar. Dabei steht Neros Bekanntheit in eigentümlichem Widerspruch zu seiner historischen Relevanz. [...]

Neros Unsterblichkeit beruht wohl auf etwas anderem: Der umstrittene Kaiser fasziniert bis heute aufgrund jener tiefen menschlichen Abgründe, die ihn wie kaum einen Vorgänger oder Nachfolger auf dem Thron zu charakterisieren scheinen. Nero gilt noch immer häufig als paradigmatischer Exponent des ›Cäsarenwahns‹. Seine berühmtesten (Un-)Taten – der Muttermord, der auf der Kithara begleitete Brand Roms, die Christenverfolgung –, verbunden mit zahlreichen Neurosen, sexuellen Ausschweifungen und einer ausgeprägten Exzentrik bilden die Bezugspunkte in diesem Kaleidoskop. Nero ist zum Stereotyp des Tyrannen geworden, zu einem Abziehbild, das mit der historischen Figur längst nichts mehr zu tun hat. Dieses Bild zu hegen und zu pflegen, ist allemal bequemer, als es zu überwinden. Damit sind grotesken Zuweisungen Tür und Tor geöffnet: In keinem Stelldichein berühmter Psychopathen – vermeintlicher oder tatsächlicher – darf Nero fehlen.

[...] Wie viel vom historischen Nero mag verloren gegangen sein in der fast 2000-jährigen Auseinandersetzung mit ihm? Die wichtigsten Grundlagen unserer Kenntnis von Nero sind die Schriften von Tacitus, Sueton und Cassius Dio. Mit einem Kaiser wie Nero konnten und wollten alle drei Autoren auf ihre Art nichts anfangen. Ihre Schilderungen sind einseitig. Sie übersteigern, überzeichnen und verzerren die historische Person und präsentieren negative Attribute zuhauf. [...]

Ein vielversprechender Anfang

Moderne Assoziationen zu Nero enden meist bei den Grausamkeiten seiner Herrschaft. Die Rezeption stellt gern den späten Nero ins Zentrum, den Tyrannen. Doch in der Anfangszeit seiner Regentschaft enttäuschte Nero noch niemanden, im Gegenteil. Aus vielen Provinzen ertönten euphorische Stimmen anlässlich des Thronwechsels und auch in Rom bestand zunächst kein Grund zur Klage. Nero gab den Untertanen, was sie von ihrem Kaiser verlangten. Neben der Inszenierung aufwendiger Spiele, seit jeher Gradmesser für eine aus römischer Sicht gute Herrschaft, widmete sich Nero diversen Bauprojekten. [...]

Doch Nero berücksichtigte auch die Befindlichkeiten der Senatoren. Claudius hatte aus Misstrauen gegenüber der Aristokratie zunehmend auf Freigelassene zurückgegriffen und diese mit administrativen Aufgaben betraut. Statt der eigentlichen Elite übte damit eine gesellschaftlich wenig angesehene Personengruppe großen politischen Einfluss aus. Gleich in seiner ersten Rede deutete Nero an, dieses Missverhältnis korrigieren und zur Aufteilung der Herrschaft zwischen *princeps* und Senatoren zurückkehren zu wollen, wie sie Augustus eingeführt hatte. Die Senatoren sahen einen bescheiden auftretenden jungen

Mann, der klug zu Gunsten des Neuanfangs argumentierte. [...] Neros Berater – Agrippina, Seneca und der Prätorianerpräfekt Burrus – hatten ihn gut eingestellt. [...]

Eigene Wege

Nach der Ermordung Agrippinas wandte sich Nero leidenschaftlicher und selbstbewusster seinen künstlerischen Aktivitäten zu. Der Tod seiner Mutter schien ihn geradezu entfesselt zu haben. [...]

Die Entfremdung von den Beratern, deren Einfluss Nero vermutlich als bevormundend empfand, ermöglichte Persönlichkeiten wie Tigellinus, einem Mann niederer Herkunft, in die erste Reihe der Politik vorzustoßen. [...] Tigellinus war ein Günstling Neros, ein Opportunist mit radikaler Loyalität. Doch er war sicher kein unbedarfter Amateur, den Nero kurzerhand als höchsten Militär in Rom installierte. Tigellinus muss über gewisse Erfahrung verfügt haben. Zudem hatte er sich aus Sicht Neros bereits als Präfekt der stadtrömischen Feuerwehreinheiten bewährt. Zweifellos brüskierte Nero mit der Besetzung jedoch nicht nur den Senat, sondern auch viele Angehörige des Ritterstandes *(ordo equester).* [...] Die ritterlichen Spitzenpositionen in der Stadt Rom waren die beiden *praefecti praetorio.* Neureiche wie Tigellinus bildeten in wichtigen Ämtern *per se* Fehlbesetzungen, so sahen es zumindest die Zeitgenossen der Aristokratie. Ein Blick auf den Zustand des Reiches unter Nero widerspricht diesem Vorurteil: Der Kaiser mochte nicht immer ein glückliches Händchen gehabt haben bei der Besetzung von Stellen. Ein überdurchschnittlicher Verfall der Moral und Kompetenz ist auf der Personalebene allerdings nicht erkennbar.

Rom brennt – und entsteht neu

Die Ereignisse einer Juliwoche im Jahr 64 beeinflussten den späteren Blick auf Nero mehr als alles andere. Es sind die Tage und Nächte, in denen Rom in Flammen stand. Eine Feuersbrunst, verheerender als die unzähligen Brände in den vergangenen Zeiten, zerstörte große Teile der Stadt. Dass Nero das Feuer gelegt habe, um sich eine neue Hauptstadt erbauen zu können, gehört seither zu den hartnäckigsten ›Gewissheiten‹ landläufiger Nero-Kenner. Einen Beweis für Neros Schuld gibt es nicht. Vielmehr sprechen die Indizien deutlich dagegen – unter anderem fiel der Kaiserpalast *(Domus Transitoria)* samt Inventar den Flammen zum Opfer. Selbst Tacitus erkennt an, dass Nero klug und umsichtig auf die Katastrophe reagiert habe. Der Kaiser ließ Unterkünfte für Obdachlose errichten und finanzierte die nötigen Aufbaumaßnahmen großzügig. Um die Gefahr von Brandkatastrophen zukünftig zu verringern, erließ er umfassende Feuerschutz- und Bauregeln.

So besonnen Nero hier auch handelte, die Gerüchte über seine Schuld ließen sich nicht so einfach zerstreuen. Er lenkte den Verdacht daraufhin gegen die im Volk wenig geschätzten Christen, so schildert es Tacitus, der auch seinerseits höchstes Misstrauen gegenüber der vermeintlich konspirativen christlichen Kultpraxis äußert. [...] Die Bedauernswerten, ohnehin Störenfriede in der öffentlichen Wahrnehmung, dienten Nero schlichtweg als Sündenböcke. Die grausame Tötung der Verurteilten – Verbrennen am Kreuz oder Tod in der Arena durch wilde Tiere – war bei Brandstiftung üblich. [...]

Nicht nur der Umgang mit den Christen ruinierte Neros Bild bis in die Gegenwart. Bald nach dem Brand begann die Phase der ›Bausünden‹ – ein Reizthema damals wie heute. Vor allem der nun einsetzende Bau seines neuen Palastes, der *Domus Aurea,* schadete Neros Ruf in irreparabler Weise und nährte noch im Nachhinein die Gerüchte, er sei für das Feuer verantwortlich gewesen. Tatsache ist, dass Nero mit dem ›Goldenen Haus‹ ein unvergleichliches Bauwerk realisierte. [...] Tatsache ist jedoch auch, dass die Gemeinden Italiens und die Provinzen für den Bau zur Kasse gebeten wurden, Missklänge kamen auf. Verschwenderisch war die *Domus Aurea* zweifellos und ihre praktische Notwendigkeit erschloss sich kaum einem Zeitgenossen. Doch der Bau ist in seiner exorbitanten Opulenz auch ein beeindruckendes Zeugnis für die Fähigkeiten des Handwerks jener Zeit. Er ist Ausdruck eines blühenden Rom, das so gar nicht in das Bild vom ›irren‹ Kaiser passen mag.

Der Künstlerkaiser

Zwischen 64 und 68 richtete Nero sein Ansehen bei Mitmenschen und Nachwelt endgültig zugrunde. Den Quellen zufolge verwandelte er sich in jenen Jahren in aller Form in den Künstlerkaiser mit tyrannischen Zügen, in den Klischee-Nero. [...]

Neros Hinwendung zur Kunst eindimensional als Flucht eines überforderten Neurotikers vor der Politik zu erklären, wirkt allerdings längst nicht mehr adäquat. Sicher spielt Neros spezieller Charakter dabei eine entscheidende Rolle. Doch daneben muss auch seine Liebe zur griechischen Kultur berücksichtigt werden, denn aus deren Traditionen speiste sich das gesamte künstlerische Treiben des Kaisers – und auch seine Aversion gegen blutige Gladiatorenkämpfe. Und wies Nero der Aristokratie mit seinen Auftritten nicht auch neue Wege der Repräsentation und des Wettbewerbs in den verengten Handlungsmöglichkeiten der Kaiserzeit? Wie auch immer – für die Zeitgenossen ließen sich diese Zugänge jedenfalls nicht herstellen. Sie lagen außerhalb jeder Vorstellungskraft. Damit wurde Neros Selbstverständnis zu einem Affront sondergleichen. [...] Wie sollte diese Person, die an einem Tag voller Bangigkeit das Urteil einer Gesangsjury erwartete, am anderen Tag als durchsetzungsstarker *princeps* ein Weltreich regieren können?

Wenn Nero wenigstens im militärischen Bereich durchschlagend reüssiert hätte – man wäre ihm wohl nachsichtiger begegnet. Doch selbst im Umgang mit auswärtigen Feinden enttäuschte der Kaiser die Erwartungen. Nero hielt nicht viel von kriegerischen Auseinandersetzungen und interessierte sich weniger für diese Dinge, als man es von einem Enkel des Germanicus erhoffen durfte. Mit seiner defensiven Außenpolitik berief sich Nero auf Augustus, [...]. Während die Friedenspolitik des Augustus als souveräner Ausdruck längst bewiesener Stärke gelesen wurde, nahm die Senatsaristokratie die vergleichbare Haltung Neros als reine Schwachheit wahr. Weder in den Konfliktherden im Osten gegen die Parther noch nach dem Aufstand der Stämme in Britannien griff Nero mit harter Hand durch. Das aber hätte der Größe Roms geziemt. Stattdessen reagierte er besonnen, versöhnlich und zurückhaltend. Aus unserer Sicht eine angemessene und zielführende Politik, zumal sie hier erfolgreich war. Aus Sicht der senatorischen Führungsschicht und des Militärs ein Bruch mit römischen Idealen. [...]

Ein Ende voller Missverständnisse

Eine Spirale aus Misstrauen, Gewalt und offenem Hass bestimmte Neros letzte Jahre. Verschwörungen aus den Reihen der Aristokratie rollten gegen den Kaiser los, und dieser wehrte sich gegen die Bedrohungen mit Hinrichtungen, Enteignungen und Exilierungen. [...]

So zynisch es klingt: Unter nicht wenigen Kaisern war der senatorische Blutzoll höher. Man denke nur an den Aufstieg des Augustus. Das Zerwürfnis zwischen den gesellschaftlichen Eliten und Nero war dennoch längst unumkehrbar geworden.

Neros Rückhalt im Volk blieb lange Zeit stabil, schwand seit dem Brand von 64 allerdings ebenfalls. [...] Viele römische Bürger blieben dem Kaiser gegenüber allerdings loyal, insbesondere die Nutznießer seiner Herrschaft. Nero war auch am Ende kein von allen verlassener Despot.

Der Vorhang fiel schließlich im Frühjahr 68. Die Erhebung gegen den Kaiser begann im Westen, getragen von unzufriedenen Provinzstatthaltern und den Heeren der Grenzregionen. Nero hatte mit seinem Desinteresse am Militärischen eine Grundbedingung des Prinzipats ignoriert. Kaiser konnte nur sein, wer über die mächtigste Personengruppe des Imperiums gebot: das Heer. [...] Auf der Flucht vor seinen Verfolgern, begleitet nur von Vertrauten aus dem engsten Umfeld, wählte Nero schließlich den Tod.

Ambivalenz

[...] Dass Nero viele der in ihn als *princeps* gesetzten Erwartungen weder erfüllen konnte noch wollte, steht außer Frage. Insofern ist der Kaiser vor allem an seinem Amt gescheitert. Allerdings weist Nero in diesem Scheitern eine Ambivalenz auf, die eine einseitige Bewertung vollkommen unmöglich macht. So verhasst Nero und sein Gebaren der senatorischen Elite und den Soldaten waren, so sehr verehrten ihn die stadtrömische Bevölkerung und vor allem der griechische Osten. [...] Viele von Neros Bauvorhaben strotzten vor Verschwendung und Luxus. Doch unter seiner Herrschaft entstanden etliche Bauten in Rom und den Provinzen, die hohen praktischen Nutzen hatten. [...]

Äußerer Frieden, wirtschaftliche Blüte, ein künstlerisch interessierter Kaiser, der den Bestialitäten der römischen Arenen wenig abgewinnen konnte – auch dieses Bild vom neronischen Rom ist nicht falsch. Und doch war Nero insofern auch ein Mörder, als er Bruder und Mutter, Senatoren und Ritter umbringen ließ. Er war ein Mensch, der nicht zögerte, die Christengemeinden in Rom [...] aus reinem Kalkül grausam hinzurichten. Die Zwiespältigkeit dieses Kaisers ist nicht zu übersehen. Es liegt neuerdings im Trend der altertumswissenschaftlichen Forschung, brutale Despoten nicht mehr als solche wahrhaben zu wollen und stattdessen Handlungsmuster und Taten zu relativieren. Doch womöglich wird damit verharmlost, was nicht verharmlost werden darf. Auch bei Nero läuft man Gefahr, und daher ist seine Rehabilitierung auf keinen Fall das Mittel der Wahl. Doch ein objektiverer Blick auf den Kaiser, Künstler und Tyrannen lohnt allemal.

(aus: Alexander Bätz, Nero – eine Bilanz, in: Nero – Kaiser, Künstler und Tyrann. Begleitband zur Ausstellung in Trier, Darmstadt 2016, S. 390–399 © Wissenschaftliche Buchgesellschaft Darmstadt)

Aufgaben der Geschichtsschreibung

34. Die Aufgabe des Historikers im Prinzipat (Tac. ann. 3,65; zweisprachig)

Tacitus gibt im dritten Buch der Annales ein düsteres Bild von der Stimmung im Senat unter Tiberius. Zugleich nimmt er dies zum Anlass, über seine Aufgabe als Historiker zu reflektieren:

1 Exsequi sententias haud institui nisi insignīs per honestum aut notabili dedecore, quod praecipuum munus annalium reor, ne virtutes sileantur, utque pravis dictis factisque ex posteritate et infamia metus sit.

1 Die Senats-Abstimmungen auszuführen, habe ich nicht vor, außer sie sind besonders ehrenhaft oder schändlich; denn ich halte es für die Hauptaufgabe der Geschichtsschreibung, dass gute Leistungen nicht verschwiegen werden und dass sich schlechte Worte und Taten vor der Schande bei der Nachwelt fürchten müssen.

2 Ceterum tempora illa adeo infecta et adulatione sordida fuēre, ut non modo primores civitatis, quibus claritudo sua obsequiis protegenda erat, sed omnes consulares, magna pars eorum, qui praeturā functi, multique etiam pedarii senatores certatim exsurgerent foedaque et nimia censerent.

2 Im Übrigen war jene Zeit so verseucht und durch Schmeichelei beschmutzt, dass nicht nur die ersten Männer im Staat, die ihre herausgehobene Stellung durch Unterwürfigkeit schützen mussten, sondern alle ehemaligen Konsuln, ein großer Teil derer, die einmal Prätoren gewesen waren, und sogar viele unwichtige Senatoren sich um die Wette erhoben, um schändlich und übertrieben abzustimmen.

3 Memoriae proditur Tiberium, quoties curiā egrederetur, Graecis verbis in hunc modum eloqui solitum: »O homines ad servitutem paratos!« Scilicet etiam illum, qui libertatem publicam nollet, tam proiectae servientium patientiae taedebat.

3 Es wird überliefert, Tiberius habe, wenn er aus der Kurie herauskam, auf Griechisch zu sagen gepflegt: »O diese Sklavenseelen!« Das heißt, sogar er ekelte sich, obwohl er keine öffentliche Freiheit wollte, vor einer so unterwürfigen Geduld von Sklavenseelen.

1. **Weisen Sie die unterstrichenen Passagen im lateinischen Originaltext nach und erklären Sie ggf. sprachlich-strukturelle Abweichungen zwischen Latein und deutscher Übersetzung.**
2. **Nennen Sie die im Text erwähnten Aufgaben des Historikers und erklären Sie sie vor dem Hintergrund des römischen Wertesystems (*mos maiorum, memoria, gloria, virtus* etc.).**
3. **Vergleichen Sie die von Tacitus beschriebenen Aufgaben eines Historikers mit den Aufgaben und Methoden moderner (wissenschaftlicher) Historiker (Lesen Sie dazu ggf. noch einmal die Einleitung S. 16 f.).**

35. Die Geschichtsauffassung des Tacitus (Tac. ann. 4,32)

Tacitus beklagt die besondere historische Situation des Prinzipats und die daraus resultierenden Probleme für ihn als Historiker:

1 Pleraque eorum, quae rettuli quaeque referam, parva forsitan et levia memoratu videri non nescius sum: sed nemo annalīs nostros cum scriptura eorum contenderit, qui veteres populi Romani res composuēre. Ingentia illi bella, expugnationes urbium, fusos captosque reges, aut si quando ad interna praeverterent, discordias consulum adversum tribunos, agrarias frumentariasque leges, plebis et optimatium certamina libero egressu memorabant:

1 Dass das Meiste von dem, was ich berichtet habe und noch berichten werde, vielleicht unbedeutend und kaum erwähnenswert erscheint, darüber bin ich mir im Klaren: Aber niemand dürfte wohl mein Geschichtswerk mit den Werken derjenigen vergleichen, die die alte Geschichte des römischen Volkes dargestellt haben. Jene Historiker berichteten in freier Darstellung von gewaltigen Kriegen, von Eroberungen von Städten, Niederlagen und der Gefangennahme von Königen, oder, wenn sie einmal die inneren Angelegenheiten bevorzugt darstellten, von Konflikten der Konsuln mit den Tribunen, von Acker- und Getreidegesetzen, Auseinandersetzungen des Volkes mit den Optimaten.

2 Nobis in arto et inglorius labor, immota quippe aut modice lacessita pax, maestae urbis res et princeps proferendi imperi incuriosus erat. Non tamen sine usu fuerit introspicere illa primo aspectu levia, ex quīs magnarum saepe rerum motūs oriuntur.

2 Meine Arbeit ist eng begrenzt und ohne Ruhm, denn es gibt einen ungefährdeten oder nur wenig angefochtenen Frieden, betrüblich sind der Zustand Roms und der Princeps bemühte sich nicht um die Erweiterung des Reiches. Dennoch dürfte es nicht ohne Nutzen sein, diese auf den ersten Blick unbedeutenden Ereignisse näher zu betrachten, aus denen oft die Beweggründe für große Veränderungen entstehen.

1. **Nennen Sie die Unterschiede zwischen der alten (= republikanischen) und Tacitus' eigener Geschichtsschreibung, wie sie der Autor hier im Text beschreibt.**
2. **Erklären Sie, warum Tacitus seine eigene Zeit kritisiert; geben Sie selbst ein Urteil über Tacitus' Wertungen ab.**
3. **Stellen Sie Vermutungen darüber an, wie für Tacitus eine ideale Welt aussehen müsste, damit er »wirklich gute« Geschichtsschreibung produzieren könnte. Beurteilen Sie dann, ob so eine Welt auch für Sie persönlich ideal wäre.**

Lernvokabular

Viele der folgenden Substantive aus den angegebenen zentralen Wortfeldern kennen Sie sicherlich schon, dennoch bietet es sich an, sie aufgrund ihrer Wichtigkeit für die *Annales* noch einmal gezielt zu wiederholen:

Politik

	Caesar, Caēsăris m.	Kaiser, Princeps
	cīvitās, ātis f.	Staat(sverfassung); Bürgerschaft, Bürgerrecht
	cōnsul, ulis m.	Konsul
	cōnsulāris, is m.	ehemaliger Konsul; Konsular
5	cōnsulātus, ūs m.	Konsulat
	dominātiō, tiōnis f.	(Gewalt-)Herrschaft, Diktatur
	domus, ūs f.	Kaiserhaus, Dynastie
	gubernāre	regieren
	imperium, ī n.	Herrschaft, Amtsgewalt; Befehl(sgewalt)
10	lībertās, ātis f.	Freiheit
	lībertus, ī m.	Freigelassener
	officium, iī n.	Pflicht, Amtsgeschäft
	praetor, ōris m.	Prätor, Richter
	prīnceps, cipis m.	Kaiser, Princeps
15	prīncipātus, ūs m.	Prinzipat (Staatsform)
	prōcōnsul, ulis m.	Prokonsul (Statthalter)
	prōvincia, ae f.	Provinz
	rēgnāre	als König herrschen
	rēgnum	Königsherrschaft, Monarchie
20	rēs pūblica f.	Staat; Politik, Regierung
	senātus, ūs m.	Senat
	servitium, iī n. servitūs, ūtis f.	Sklaverei

Militär

	arma, ōrum n. Pl.	Waffen; Heer
	bellum, ī n.	Krieg
	classis, is f.	Flotte
	cohors, hortis f.	Kohorte, Truppe(nteil)
5	cōpiae, ārum f. Pl.	Truppen
	discordia cīvīlis f.	Bürgerkrieg
	dux, ducis m./f.	Feldherr; Anführer
	exercitus, ūs m.	Heer

	hostis, is m.	(Staats-)Feind
10	imperātor, ōris m.	Oberbefehlshaber des Heeres; Kaiser
	legiō, ōnis f.	Legion
	mīles, itis m.	Soldat
	pāx, pācis f.	Frieden

Werte, Charaktereigenschaften und geistige Qualitäten

	animus, ī m.	Geist; Herz; Mut; Haltung, Einstellung
	cōnsilium, iī n.	Plan, Rat, Beschluss; Klugheit, Berechnung
	ēloquentia, ae f.	Beredsamkeit
	fāma, ae f.	Gerücht; Ruf; Ruhm
5	formīdō, inis f.	Angst, Scheu
	glōria, ae f.	Ruhm
	honor, ōris m.	Ehre; Ehrenamt; Ehrenbezeugung
	invidia, ae f.	Neid, Missgunst
	īra, ae f.	Zorn
10	memoria, ae f.	Gedächtnis/Erinnerung; Andenken
	modestia, ae f.	Mäßigung, Bescheidenheit
	modus, ī m.	Mäßigung, rechtes Maß
	obsequium, iī n.	Gehorsam
	ōtium, iī n.	Nichtstun, Ruhe
15	prūdentia, ae f.	Klugheit, Umsicht
	ratiō, ōnis f.	Einsicht, Klugheit
	sapientia, ae f.	Weisheit, Klugheit
	studium, iī n.	Eifer; Parteinahme; wiss. Beschäftigung, Gelehrsamkeit
	virtūs, ūtis f.	Tatkraft; Mut; sittl. Vollkommenheit
20	vitium, iī n.	Fehler, Laster

Einige **kleine Wörter** haben bei Tacitus mitunter eine spezielle Bedeutung, die man zusätzlich zur Grundbedeutung kennen sollte:

	Vokabel	**gewöhnl. Lernbedeutung**	**bei Tacitus dagegen oft**
	et	und	sogar, auch
	plerique	die meisten	viele
	plerumque	meistens	oft
	ceterum	übrigens, im Übrigen	aber
5	in + Akk.	hin, zu (*zu einem Ort*); gegen	zu (*einem Zweck/Ziel*)

1. Proöm a): Frühgeschichte und Bürgerkriege

prīncipium, iī *n.*	Anfang
īnstituere, -stituō, -stituī, -stitūtum	einrichten
certus, a, um	ein/e bestimmte/r, ein/e gewisse/r
potentia, ae *f.*	Macht
5 citō	schnell
cēdere, cēdō, cessī, cessum	weichen, übergehen zu
potentia in Caesarem cēdit	die Macht geht auf Caesar über
adversus, a, um	ungünstig; entgegengesetzt
adversa rēs	ungünstige Lage
factum, ī *n.*	Tat, Ereignis
Pl. facta, ōrum	(Pl.) Geschichte
scrīptor, ōris m.	Geschichtsschreiber, Autor
10 memorāre	erwähnen, darstellen
dēesse, dēsum, dēfuī	fehlen
decōrus, a, um	ausgezeichnet, ehrenvoll
ingenium, iī *n.*	Geist; Genie, Talent
adulātiō, ōnis *f.*	Schmeichelei
15 dēterrēre, -terreō, -terruī, -territum	abschrecken
occĭdere, óccĭdō, óccĭdī	sterben, getötet werden
rēs, rērum *f. Pl.*	*bei Tacitus oft* (große) Taten; Geschichte
cōnsilium, iī *n.*	Entschluss; Ratschlag
trādere, trādō, trādidī, trāditum	überliefern

2. Proöm b):Zustand nach den Bürgerkriegen

caedere, caedō, cecīdī, caesum	töten
nēmō nisi	niemand außer; nur
nēmō nisi Caesar	nur Caesar
réliquus, a, um	übrig
pōnere, pōnō, posuī, positum	*bei Tacitus oft* nieder-, ablegen
5 tuērī, tueor	beschützen
contentus, a, um + *Abl.*	zufrieden mit
parvā rē contentus est	er ist mit wenig zufrieden
dōnum, ī *n.*	Geschenk, offizielle Schenkung *(durch den Princeps für die Soldaten oder das Volk)*
ōtium, iī *n.*	Ruhe, Frieden
paulātim	allmählich
10 mūnus, mūneris *n.*	Aufgabe, Amtsbefugnis
adversārī	Widerstand leisten
āciēs, āciēī *f.*	Schlacht, Kampf

	prōscrīptiō, ōnis *f.*	Proskription, Ächtung *(d. h. jemand wird für vogelfrei erklärt)*
	cadere, cadō, cécĭdī	fallen, getötet werden
15	opēs, opum *f. Pl.*	Reichtum; Einfluss, Macht(stellung)
	tūtus, a, um	sicher, gefahrlos
	praesēns, praesentis	gegenwärtig
	praesentia, ium *n.Pl.*	(Pl.) Gegenwart
	status, ūs *m.*	Zustand
	suspectus, a, um	verdächtig
20	potēns, potentis	mächtig
	potentēs, ium *Pl.*	(Pl.) die Mächtigen
	certāmen, certāminis *n.*	Wettkampf, Wettstreit
	avāritia, ae *f.*	Gier
	lēx, lēgis *f.*	Gesetz
	vīs, *Akk.* vim, *Abl.* vī *Pl.* vīrēs, *Gen.* vīrium	Gewalt; Macht
25	ambitus, ūs *m.*	Ehrgeiz

5. Stimmung bei Augustus' Lebensende

	cīvitās, ātis *f.*	Staat(sform), Verfassung
	usquam	irgendwo
	íntеger, íntegra, íntegrum	unverdorben, rein
	iussum, ī *n.*	Befehl
5	in praesēns	für die Gegenwart
	válidus, a, um	stark, kräftig
	aeger, aegra, aegrum	krank
	fatīgāre	schwächen, ermüden
	disserere, -serō, -seruī, -sertum	erörtern, diskutieren
10	superbia, ae *f.*	Hochmut, Arroganz
	prīmā ab īnfantiā	von frühester Jugend an

6. Heuchelei und Schmeichelei im Prinzipat

	fácinus, facínoris *n.*	Tat, Verbrechen
	caedēs, caedis *f.* + *Gen.*	Mord an
	caedēs Agrippae	der Mord an Agrippa
	simulāre	vortäuschen
	cūnctārī + *Inf.*	zögern zu
	nōn cūnctātus est eum necāre	er zögerte nicht ihn zu töten
5	suprēmus, a, um	der/die/das letzte
	suprēmus diēs	der letzte Tag (Lebensende)
	sine dubiō	ohne Zweifel

saevus, a, um	grausam
mōrēs, mōrum *m. Pl.*	Charakter
adulēscēns, entis *m.*	junger Mann
mōrēs adulescentis	der Charakter des jungen Mannes
10 querī, queror, questus sum	klagen über, beklagen
senātūs cōnsultum, ī *n.*	Senatsbeschluss
umquam	jemals
suī, suōrum *Pl.*	die Seinen, die Angehörigen
nex, necis *f.*	Tod
15 vērō (*an 2. Stelle im Satz*)	aber, jedoch
hoc vērō bonum est	das ist jedoch gut
odium, iī *n.*	Hass
invīsus, a, um	verhasst
nūntiāre	melden

7. Heuchelei der Oberschicht

at	aber
Rōmae	in Rom
ruere, ruō, ruī	(sich) stürzen, eilen
omnes ruunt in servitium	alle stürzen sich in die Sklaverei
patrēs, patrum *m. Pl.*	Patrizier; Senatoren
5 eques, équitis *m.*	Ritter (niederer Adel)
tamquam	als ob, gleichsam
nē … quidem	nicht einmal
nē tū quidem	nicht einmal du
ēdictum, ī *n.*	(kaiserlicher) Erlass, Anordnung
dēfungī, -fungor, -fūnctus sum	sterben
10 comitārī	begleiten
litterae, ārum *f. Pl.*	Brief, Schreiben
nusquam	nirgends
formīdō, īdinis *f.* + nē	die Angst, dass
formīdo, nē veniant	die Angst, dass sie kommen
tot *(wird nicht dekliniert)*	so viele
tot legiōnēs	so viele Legionen
15 auxilia, ōrum *n. Pl.*	Hilfstruppen
mīrus, a, um	erstaunlich
fāvor, ōris *m.*	Gunst, Beliebtheit
ēligere, ēligō, ēlēgī, ēlēctum	(aus-)erwählen
potius quam	eher, lieber als
20 dubitātiō, ōnis *f.*	Zweifel

8. Das Ende des Augustus und die *pax Augusta*

	remedium, iī *n.* + *Gen.*	(Heil-)Mittel für/gegen
	remedium morbī	ein Mittel gegen die Krankheit
	modestia, ae *f.*	Maß(halten), Bescheidenheit
	ornātus, ūs *m.*	Schmuck, Glanz
	ádmodum *Adv.*	ziemlich
	admodum paucum	ziemlich wenig
5	quiēs, quiētis *f.*	Ruhe

10. Der Amtsantritt: Princeps und Senat im Gespräch

	forte	zufällig
	quīcumque, quaecumque, quodcumque	jeder, der; alles, was
	quaecumque dīxit	… alles, was er gesagt hat
	quīcumque hoc dīxit	jeder, der dies gesagt hat
	mandāre	übertragen, anvertrauen
	suscipere, -cipiō, -cēpī, -ceptum	übernehmen
5	paulum	ein bisschen
	dein = deinde	darauf(hin), danach
	rursum	wiederum
	idcircō	deswegen
	sēparāre	trennen
10	nequīre	nicht können
	nequit	er kann nicht
	nequeunt	sie können nicht
	cōnfessiō, ōnis *f.*	Eingeständnis, Bekenntnis
	admonēre, -moneō, -monuī, -monitum + *Akk.* + *Gen.*	jemanden an etwas erinnern
	mē victōriārum admonet	er erinnert mich an die Siege
	ideō	deswegen
	prīdem	schon lange
15	in mātrimōnium dūcere	heiraten

12. Das Gesetz der Majestätsbeleidigung

	dēcernere, dēcernō, dēcrēvī, dēcrētum	beschließen
	rēs gestae, rērum gestārum *f. Pl.*	(große) Taten; Geschichtswerk
	iūrāre in + *Akk.*	schwören auf etwas
	in verba Caesaris iūrāvērunt	sie schworen auf die Worte des Kaisers
	cēnsēre	beschließen
5	permittere, -mittō, -mīsī, -missum	zulassen, erlauben
	adipīscī, adipīscor, adeptus sum	erreichen
	iūdicium, iī *n.*	Gerichtsverfahren, Prozess

	sī quis	wenn jemand
	sī quid	wenn etwas
	prōditiō, ōnis *f.*	Verrat
10	sēditiō, ōnis *f.*	Aufstand, Aufruhr
	rem pūblicam gerere (gerō, gessī, gestum)	den Staat regieren
	illūstris, e	berühmt
	vulgāre	öffentlich verbreiten
	saevitia, ae *f.*	Grausamkeit

13. Verschwörungs- und Mord-Theorien: Der Piso-Prozess

	reus, reī *m.*	angeklagt; der Angeklagte
	dubitāre an	zweifeln, ob
	īnfēnsus, a, um	feindlich
	affectus, ūs *m.*	Gefühl(sregung)
5	domum	nach Hause
	meditārī	überlegen, einüben
	lībertus, ī *m.*	Freigelassener, ehemaliger Sklave
	solitus, a, um	gewohnt, gewöhnlich
	cūrāre	pflegen
	corpus cūrāre	den Körper pflegen, Körperpflege betreiben
10	cubiculum, ī *n.*	Zimmer, Schlafzimmer
	humī	auf dem Boden
	reperīre, reperiō, repperī, repertum	finden
	seniōrēs, um *Pl.*	ältere Leute
	libellus, ī *m.*	Schrift, Buch
15	vānus, a, um	nichtig, leer
	prōmissum, ī *n.*	Versprechen
	vāna prōmissa	leere Versprechungen
	(suā) sponte	freiwillig
	vērum *(am Satzanfang)*	aber, sondern
	flectere, flectō, flexī, flexum	biegen, wenden

14. Gefährliche Geschichtsschreibung: Der Prozess gegen Cremutius Cordus

	crīmen, crīminis *n.*	1. Vorwurf. 2. Verbrechen
	ēdere, ēdō, ēdidī, ēditum	herausgeben, veröffentlichen
	vultus, ūs m.	Miene, Gesichtsausdruck
	patrēs cōnscrīptī	*(Anrede für die)* Senatoren
5	arguere, arguō, arguī, argūtum	anklagen, beschuldigen
	innocēns, innocentis	unschuldig

rēs gestae, rērum gestārum *f. Pl.*	Geschichtswerk; (große) Taten
in prīmīs	vor allem/allen; in besonderer Weise
scrīptum, ī *n.*	literarisches Werk; Geschichtswerk
10 ēgregius, a, um	herausragend
praedicāre	rühmen, loben
uterque, utraque, utrumque *Gen.* utrīusque *Dat.* utrīque	jede/r von beiden; beide
ōrātiōnem rescrībere (-scrībō, -scrīpsī, -scrīptum)	eine Rede schreiben
armāre	bewaffnen
15 bellum cīvīle, bellī cīvīlis *n.*	Bürgerkrieg
cōntiō, ōnis *f.*	Rede (vor dem Volk)
suum cuīque	jedem das seine; jedem das ihm zukommende
posteritās, ātis *f.*	die Nachwelt, die Nachkommen
decus, décoris *n.*	1. Ehre. 2. Tugend
20 damnātiō, ōnis *f.*	Verdammung
meminisse méminī memíneram	sich erinnern ich erinnere mich ich erinnerte mich
ēgredī, ēgredior, ēgressus sum + *Abl.* senātū ēgredī	herausgehen aus aus dem Senat gehen/treten
manēre, maneō, mānsī, mānsum	bleiben

15. Tiberius zieht sich nach Capri zurück

circā *Adv.*	rings herum, in der Umgebung
vix	kaum
quisquam, quidquam neque quisquam neque quidquam	irgendjemand, irgendetwas und/aber niemand und/aber nichts
hiems, híemis *f.*	Winter
5 arcēre, arceō, arcuī	fern halten, abwehren
faciēs, faciēī *f.*	1. Aussehen, Gestalt. 2. Gesicht
vertere, vertō, vertī, versum	(ver)ändern, auswechseln
augēre, augeō, auxī, auctum	vermehren, vergrößern
quīs = quibus	*Abl. Pl. Rel.-Pron.*

18. Ausländer im Senat? Eine weitsichtige Rede des Claudius

	statim	sogleich, sofort
	senātum vocāre	den Senat einberufen
	exordīri, -ordior, -ōrsus sum	anfangen zu reden
	māiōrēs, um *Pl.*	die Vorfahren
5	orīgō, orīginis *f.*	Herkunft, Ursprung
	patrīcius, iī *m.*	Patrizier
	patrīcius, a, um	patrizisch
	adversus + *Akk.*	gegenüber
	īnsīgnis, e	hervorragend, berühmt
	posterī, ōrum *Pl.*	die Nachkommen
10	amor in patriam	die Liebe zum Vaterland
	nisi quod	außer dass
	aliēnígena, ae *m./f.*	Ausländer; ausländisch
	conditor, ōris *m.*	Gründer
	valēre, valeō, valuī + *Abl.*	stark sein an
	sapientiā valēre	sehr weise sein
15	spatium, iī *n.*	(Zeit-)Raum
	cōnficere, -ficiō, -fēcī, -fectum	beenden
	vetustissimus, a, um	sehr alt

21. Giftmord am Kaiserhof: Claudius' Ende

	scelus, scéleris *n.*	Verbrechen, Frevel(tat)
	offerre, offerō, óbtulī, oblātum	anbieten
	offerrī *Pass.*	sich bieten
	occāsiō, ōnis *f.*	Gelegenheit
	minister, trī *m.*	Helfer, Diener
5	egēns, egentis + *Gen.*	Mangel habend an; ohne
	ministrī egēns	ohne Helfer
	vēnēnum, ī *n.*	Gift
	genus, géneris *n.*	Art, Sorte
	repentīnus, a, um	plötzlich, schnell
	prōdere, prōdō, prōdidī, prōditum	verraten
10	placet, placuit *unpers.*	*bei Tacitus oft* man beschließt
	turbāre	beeinträchtigen, durcheinanderbringen
	damnāre	verurteilen
	adeō *Adv.*	so sehr
	mox	bald
15	adiuvāre, ádiuvō, adiūvī, adiūtum + *Akk.*	jemanden unterstützen, jemandem helfen
	rápidus, a, um	schnell

ignārus, a, um	unwissend
haud ignārus	wohl/genau wissend
praemium, iī *n.*	Gewinn, Belohnung

22. Neros Regierungsantritt und Senecas Einfluss

exitium, iī *n.*	Untergang, Tod
solēre, soleō, solitus sum + *Inf.*	pflegen zu, gewöhnlich tun
iuventa, ae *f.*	Jugend
rārus, a, um	selten
5 ex aequō	auf gleiche Weise
praeceptum, ī *n.*	Lehre, Unterweisung
iuvāre, iuvō, iūvī, iūtum + *Akk.*	unterstützen, helfen
in vicem	wechselseitig, einander
aspernārī	verschmähen
10 mōre + *Gen.*	nach Art von, wie
mōre mīlitiae	nach militärischer Art, wie beim Militär

23. Agrippina und Nero – eine schwierige Mutter-Sohn-Beziehung

simul	zugleich
assūmere, assūmō, assūmpsī, assūmptum	aufnehmen
cōnscientia, ae *f.*	Mitwisserschaft, Mitwissen
frūstrā	vergeblich
5 probitās, ātis *f.*	Anstand, moralische Integrität
metuere nē + *Konj.*	fürchten, dass
stuprum, ī *n.*	Ehebruch, sexuelle Nötigung
prohibēre, -hibeō, -hibuī, -hibitum	fernhalten von, verbieten
quantō – tantō + *Kompar.*	je – desto
quantō māius – tantō melius	je größer – desto besser
10 dōnec	solange, bis
quīn	(ja) sogar
fatērī, fateor, fassus sum	bekennen, zugeben
sevēritās, ātis *f.*	Strenge

24. Nero greift durch: Mordpläne gegen Agrippina

familiāris, is *m./f.*	Vertraute/r, Angehörige/r, Freund
comitārī	begleiten
haud procul	nicht entfernt; in der Nähe
impedīre	behindern, verhindern
5 latus, láteris *n.*	Seite
vulnus, vulneris *n.*	Wunde

nāre, nō	schwimmen
vehere, vehō, vexī, vectum	transportieren, bringen

25. Agrippinas Ende

clāmor, ōris *m.*	Geschrei
ōra, ae *f.*	Küste
lūmen, lūminis *n.*	Licht
incolumis, e	unversehrt, unverletzt
iānua, ae *f.*	Tür
forēs, ium *f. Pl.*	Flügel-/Doppeltür
anxius, a, um	ängstlich
indicium, iī *n.*	Anzeichen
strépitus, ūs *m.*	Lärm
abīre, ábeō, ábiī, ábitum	weggehen
dēserere, dēserō, dēseruī, dēsertum	verlassen, im Stich lassen
lectus, ī *m.*	Bett

26. Nero als Sportler und Künstler

foedus, a, um	hässlich, schändlich
canere, canō, cecinī, cantātum	singen
cantus, ūs *m.*	Gesang, Lied
nūmen, nūminis *n.*	Gottheit, göttlicher Wille
concēdere, -cēdō, -cessī, -cessum	zugestehen, erlauben

29. Waren die Christen schuld am Brand Roms?

rūmor, ōris *m.*	Gerücht, Gerede
poena, ae *f.*	Strafe
flagitium, iī *n.*	Schandtat, Frevel
superstitiō, ōnis *f.*	Aberglaube
undique	von überall her
hortī, ōrum *m. Pl.*	Park(anlage)

Wichtige Stilmittel und ihre Funktionen

Alliteration (die)
Gleicher Anlaut in aufeinanderfolgenden Wörtern:
(legiones, provincias,) classes, cuncta inter se conexa
→ betont die enge Verbindung von Heer, Provinzen und Flotte untereinander

Anápher (die)
Wiederaufnahme des gleichen Wortes am Anfang aufeinanderfolgender Wortgruppen oder Sätze:
hunc ipsum Cassium, hunc Brutum nusquam latrones nominat
→ Die Wiederholung des *hunc* betont die Verbindung der beiden Caesar-Mörder als Helden.

Antithése (die)
Gegenüberstellung gedanklich entgegengesetzter Wörter, Wortgruppen oder Sätze:
***facta** arguebantur, **dicta** inpune erant*
→ Mit dem doppelten Gegensatz von (echten) **Taten/Verbrechen** vs. **Worten** und Gerichtsanklage vs. Straflosigkeit betont Tacitus die gesunden Rechtsverhältnisse in der Republik.

Asýndeton (das)
›Unverbundene‹ Aneinanderreihung von Wortgruppen durch Auslassung von Konjunktionen (v. a. *et, aut, neque*):
non Cinnae, non Sullae longa dominatio
→ Das Fehlen von *et/neque* sorgt für Knappheit und rafft hier die Erzählung.

Chiásmus (der)
Überkreuzstellung einander entsprechender Begriffe/Satzteile (benannt nach dem griech. Buchstaben X = Chi):
***hunc** et prima ab infantia eductum (in domo regnatrice),*
*congestos iuveni **consulatūs, triumphos***
→ Die chiastische Wortstellung betont die bevorzugte Stellung des Tiberius von seiner Kindheit an.

Ellipse (die)
Auslassung von aus dem Zusammenhang zu ergänzenden Wörtern oder Satzteilen, v. a. Formen von *esse:*
ergo verso civitatis statu nihil usquam prisci et integri moris (erat)
→ Die Auslassung des Prädikats spitzt die Aussage zu und verleiht der Aussage eine fast sprichwörtliche Allgemeingültigkeit.

Hendiadyoín (das)
Zwei Wörter für eine Sache:
tuta et praesentia, »die sichere Gegenwart«
→ Die Aufspaltung des Sachverhalts hebt die beiden einzelnen Aspekte stark hervor.

Hypérbaton (das)
Zusammengehörige Wörter eines Satzglieds sind durch andere Wörter getrennt:
*quondam reges **hanc** tenuere **urbem***
→ Die Sperrung hebt die Bedeutung der Stadt Rom besonders hervor.

Inkonzinnität (die)	Grammatikalisch nicht ganz passende Konstruktion: *ruere in servitium consul<u>es</u>, patr<u>es</u>, equ<u>es</u>* *quanto <u>quis</u> illustri<u>or</u>, tantomagis fals<u>i</u>* → Die Subjekte sind bald im Plural, bald im Singular, was die einzelnen Elemente hervorhebt.
Metápher (die)	Bildhafter Ausdruck bzw. Wort mit einer uneigentlichen Bedeutung: *Titus Livius <u>Pompeianus</u> appellatus est* → Pompeius kämpfte in den Bürgerkriegen für die Republik; daher bedeutete *Pompeiānus* metaphorisch »Republikaner«.
Metonymie (die)	Ersetzung eines Ausdrucks durch einen anderen: *non defuerunt decora <u>ingenia</u>* → Das *ingenium* (»Talent«) meint hier eigentlich die Personen/Autoren und deren Talent (Art *pars pro toto*).
Parádoxon (das)	Überraschende Aussage, die auf den ersten Blick nicht sinnvoll oder widersprüchlich erscheint: ***invisa*** *primo desidia postremo* ***amatur*** → Tacitus hebt einen scheinbaren Widerspruch prägnant hervor: Etwas eigentlich Verhasstes wird auf einmal geliebt.
Parallelismus (der)	Gleicher Bau einander entsprechender Satzglieder bei annähernd gleicher Wortzahl: ***facta*** *<u>arguebantur</u>,* ***dicta*** *<u>inpune erant</u>.* → Die gleichförmige Bauweise betont hier gerade den Gegensatz von (schlechten) Taten und (freiem) Wort sowie deren Behandlung in der *libera res publica.*
Polysýndeton (das)	Verbindung von Satzgliedern oder Wortgruppen mit einer mehrfach gebrauchten Konjunktion: *(quae cuncta)* ***artem et usum et stimulos*** *addidere* → Tacitus hebt hervor, welche (gleich) wichtigen Konsequenzen der Militärdienst mit sich brachte.
Rhetorische Frage (die)	Scheinfrage, die keine explizite Antwort verlangt, sondern die vom Leser/ Hörer im Kopf beantwortet wird: *Num paenitet Balbos ex Hispania transivisse?* → Die rhetorische Frage soll unterstreichen, dass die Herkunft der Balbi aus Spanien keinen Ansehensverlust bedeutet.
Sentenz (die)	Sprichwortartige Aussage mit allgemeiner Gültigkeit: *omnia, quae nunc vetustissima creduntur, nova fuere* → Claudius betont, dass jede Tradition irgendwann einmal neu eingeführt wurde.
Tríkolon (das)	Dreigliedriger Ausdruck (mitunter auch mit Klimax, d. h. quantitativer oder qualitativer Steigerung: *(leges) vi, ambitu, postremo pecuniā turbabantur* → Tacitus betont die vielfältigen Einschränkungen für die Anwendung des Rechts bei der Provinzverwaltung.

Namensregister

Acerronia	Vertraute der jüngeren Agrippina (Kaiser Neros Mutter).
Acte	Freigelassene und Geliebte des Kaisers Nero.
Aeneas	Trojanischer Prinz und Stammvater der *gens Iulia*.
Marcus Vipsanius **Agrippa**	Freund und Feldherr des Augustus; wurde mit Augustus' Tochter Iulia verheiratet; starb 12 v. Chr.
Agrippa Postumus	Jüngster Sohn von Marcus Vipsanius Agrippa und Iulia.
Agrippina die Ältere	Tochter von Marcus Vipsanius Agrippa und Iulia; somit Enkelin des Augustus; verheiratet mit Germanicus; von Tiberius 29 n. Chr. verbannt und 33 n. Chr. gestorben.
Agrippina die Jüngere	Tochter des Germanicus und Ehefrau des Kaisers Claudius; Mutter des Kaisers Nero: 59 n. Chr. auf Neros Befehl ermordet.
Alba (Longa)	Alte italische Stadt in Latium; 20 km südöstlich von Rom; der Legende nach von Aeneas' Sohn Ascanius/Iulus gegründet.
Alexandria	Hauptstadt von Ägypten; an der Nilmündung gelegen.
Ancus Marcius	Sagenhafter vierter König Roms.
Anicetus	Freigelassener Neros; Flottenkommandant in Misenum.
Marcus **Antonius**	»Triumvir« (mit Octavian und Lepidus); Geliebter der Kleopatra und schließlich Gegner Octavians; starb 30 v. Chr. in Alexandria durch Suizid.
Apollo	Gott der Künste bei Griechen und Römern.
Äquer	Altitalisches Volk in den Bergen nordöstlich von Rom; kämpfte gegen die Römer.
Asia	Kleinasien, römische Provinz.
Gaius **Asinius Gallus**	Ältester Sohn des berühmten Geschichtsschreibers und Politikers Asinius Pollio; war mit Tiberius' erster Gattin Vipsania verheiratet und diesem daher verhasst; starb 33 n. Chr. in Haft.
Gaius **Asinius Pollio**	Berühmter Redner, Politiker und Geschichtsschreiber; Freund Vergils; geboren 76 v. Chr.
Augustus	Eigentlich Gaius Octavius; geboren 63 v. Chr., gestorben 14 n. Chr.; Großneffe und Adoptivsohn des Diktators Caesar; seit 31 v. Chr. Alleinherrscher Roms und Begründer des Prinzipats; verheiratet mit Livia.
Avernus lacus	See bei Neapel; nach antiker Sage Eingang in die Unterwelt.
Britannicus	Sohn des Kaisers Claudius; geboren 41 n. Chr.; von seiner Stiefmutter Agrippina verdrängt; 55 n. Chr. von Nero vergiftet.
Lucius Iunius **Brutus**	Vertrieb der Legende nach die Tarquinier 510 v. Chr. aus Rom und begründete die römische Republik.
Marcus Iunius **Brutus**	Einer der Caesar-Mörder.

Sextus Afranius **Burrus**	Prätorianerpräfekt unter Claudius und Nero; führte zusammen mit Seneca für den jungen Nero die Regierung.
Caelius	Hügel in Rom.
Gaius Iulius **Caesar**	Der Diktator Caesar und Adoptivvater des späteren Augustus; geboren 100 v. Chr.; 44 v. Chr. von Senatoren ermordet.
Gaius **Caligula**	Sechster Sohn des Germanicus; Princeps von 37–41 n. Chr.
Gaius **Cassius**	Einer der Caesar-Mörder.
Cassius Severus	Ein durch seine scharfen und polemischen Formulierungen bekannter Redner, 12 und 24 n. Chr. verbannt.
Marcus Porcius **Cato**	Eingefleischter Republikaner und Gegner des Diktators Caesar.
Marcus Tullius **Cicero**	Berühmtester Redner Roms und Gegner des Marcus Antonius; geboren 106 v. Chr., ermordet 43 v. Chr.
Lucius Cornelius **Cinna**	Popularer Politiker; Gegner Sullas; 84 v. Chr. ermordet.
Tiberius **Claudius** Drusus Nero	Jüngerer Bruder des Germanicus; Princeps von 41–54 n. Chr.
Corinthus	Stadt in Griechenland (Korinth).
Marcus Licinius **Crassus**	»Triumvir« zusammen mit Pompeius und Caesar; 53 v. Chr. im Kampf gegen die Parther gefallen.
Aulus **Cremutius Cordus**	Geschichtsschreiber; 25 n. Chr. in einem Majestätsprozess angeklagt und zum Suizid gezwungen.
Crepereius Gallus	Vertrauter der Agrippina (Neros Mutter).
Demaratus	Der Sage nach ein Adliger aus Korinth; wanderte im 7. Jh. v. Chr. nach Italien aus und heiratete eine Etruskerin; wurde Vater des römischen Königs Tarquinius Priscus.
Drusus	Stiefsohn des Augustus und jüngerer Bruder des Tiberius; berühmt durch seine erfolgreichen Feldzüge in Germanien 12–9 v. Chr.; starb 9 v. Chr. durch eine Verletzung in Mainz, wo sein Grabmal steht.
Etrurien	Landschaft im westlichen Mittelitalien (Toskana); Heimat der Etrusker.
Flavier	Römische Herrscherdynastie, die 69 n. Chr. mit Vespasian beginnt und 96 n. Chr. mit Domitian endet.
Servius Sulpicius **Galba**	Nachfolger Neros im Vierkaiserjahr 68/69 n. Chr.
Gallia Narbonensis	Römische Provinz im südlichen Gallien (heute Provence).
Germanicus Caesar	Neffe und Adoptivsohn des Tiberius; Ehemann der älteren Agrippina; führte erfolgreiche Feldzüge gegen die Germanen 14–16 n. Chr. und starb 19 n. Chr.
Aulus **Hirtius**	Konsul des Jahres 43 v. Chr.; fiel im Jahr seines Konsulats.
Hispania	Name römischer Provinzen auf der Iberischen Halbinsel (Spanien).

Iudaea	Römische Provinz in Palästina.
Iulia	Tochter des Augustus; verheiratet mit a) M. Claudius Marcellus, b) M. Vipsanius Agrippa, c) Tiberius; Mutter des Agrippa Postumus; von Augustus 2 v. Chr. verbannt; starb 14 n. Chr.
Lacedaemonii	Lacedaemonier = Spartaner
Marcus Aemilius **Lepidus**	Triumvir mit Octavian und Marcus Antonius; später mit Octavian verfeindet; war *pontifex maximus;* starb 12 v. Chr.
Livia Drusilla	Gattin des Augustus; Mutter von Tiberius und Drusus aus ihrer ersten Ehe mit Tiberius Claudius Nero; starb 29 n. Chr. im hohen Alter von 86 Jahren.
Titus **Livius**	Berühmter Geschichtsschreiber in der Zeit des Augustus.
Locusta	Giftmischerin und Serienmörderin; arbeitete für Agrippina (die Jüngere) und den Kaiser Nero; 69 n. Chr. hingerichtet.
Lucius Licinius **Lucullus**	Römischer Feldherr der Republik (117–56 v. Chr.); war bekannt für seinen sagenhaften Reichtum und Luxus.
Lukanien	Landschaft im südlichen Italien.
Naevius Sutorius **Macro**	Prätorianerpräfekt unter Tiberius und Caligula; Nachfolger des Sejan.
Marcus Claudius **Marcellus**	Sohn von Augustus' Schwester Octavia; als Nachfolger seines Onkels vorgesehen; starb bereits 23 v. Chr. mit 18 oder 19 Jahren.
Marcus Valerius **Messalla Corvinus**	Berühmter Redner und Förderer von Dichtern in der Zeit des Augustus.
Lucius Domitius **Nero**	Sohn der jüngeren Agrippina; geboren 37 n. Chr.; Princeps 54–68 n. Chr.
Nero Caesar	Sohn der älteren Agrippina und des Germanicus; als Thronfolger vorgesehen, aber von Sejan verdrängt; starb 31 n. Chr. durch Suizid.
Octavia	Tochter des Kaisers Claudius und Schwester des Britannicus; seit 53 n. Chr. mit dem Kaiser Nero verheiratet; 62 n. Chr. wurde sie verbannt und getötet.
Marcus Salvius **Otho**	Jugendfreund Neros und 69 n. Chr. wenige Monate Princeps als Nachfolger des Galba.
Palatinus	Hügel in Rom.
Gaius Vibius **Pansa**	Zusammen mit Hirtius Konsul des Jahres 43 v. Chr.; starb im Jahr seines Konsulats.
Gnaeus Calpurnius **Piso**	Politiker unter Tiberius; Feind des Germanicus; 20 n. Chr. wegen Hochverrats angeklagt; starb durch Suizid.
Gaius Calpurnius **Piso**	Zettelte 65 n. Chr. eine große Verschwörung gegen Nero an, die aufgedeckt wurde; in der Folge wurde u. a. Seneca als vermeintlicher Mitverschwörer zum Suizid gezwungen.

Gnaeus **Pompeius** Magnus	»Triumvir« mit Caesar und Crassus; Schwiegersohn und später Gegner Caesars; Anführer der Senatspartei im Bürgerkrieg gegen Caesar; 48 v. Chr. in Ägypten ermordet.
Pomptinae paludes	Die Pontinischen Sümpfe südöstlich von Rom; vor der Trockenlegung Malaria-Gebiet.
Pontius Pilatus	Römischer Statthalter in Iudaea; leitete den Prozess gegen Jesus.
Poppaea Sabina	Eine Gattin des Kaisers Nero; starb 65 n. Chr., nachdem Nero ihr während der Schwangerschaft in den Bauch getreten hatte.
Porcier	Römische *gens,* der der ältere und der jüngere Cato entstammten.
Sabiner	Italischer Volksstamm östlich von Rom.
Lucius Aelius **Seianus/ Seján**	Prätorianerpräfekt; wichtiger Ratgeber des Kaisers Tiberius; leitete zeitweilig die Regierungsgeschäfte; 31 n. Chr. hingerichtet.
Lucius Annaeus **Seneca**	Stoischer Philosoph und zusammen mit Burrus Ratgeber des Kaisers Nero; führte zeitweise mit Burrus die Regierungsgeschäfte; im Zuge der Pisonischen Verschwörung 65 n. Chr. zum Suizid gezwungen.
Senonen	Keltischer Volksstamm am Po (Norditalien).
Marcus Iunius **Silanus**	Konsul im Jahr 46 n. Chr.; Ururenkel des Augustus; 54 n. Chr. ermordet.
Lucius Iunius **Silanus**	Bruder des Marcus Iunius Silanus; unter Claudius 49 n. Chr. getötet.
Lucius Cornelius **Sulla**	Optimatischer Politiker und Diktator 82–79 v. Chr.
Tarquinius Priscus	Der Legende nach fünfter König von Rom.
Teleboer	Mythischer Volksstamm im westlichen Griechenland.
Tiberius Claudius Nero	Stiefsohn des Augustus und älterer Bruder des Drusus; 14–37 n. Chr. Princeps.
Ofonius **Tigellinus**	Ab 62 n. Chr. Prätorianerpräfekt.
Tusculum	Stadt in Latium.
Vaticana vallis	Vatikanische Niederung zwischen dem Vatikan- und Ianiculumhügel im Nordwesten Roms.
Vipsania	Tochter des M. Vipsanius Agrippa aus dessen erster Ehe; zunächst mit Tiberius verheiratet; musste dann auf Druck des Augustus den Asinius Gallus heiraten.
Volsker	Italischer Volksstamm, der viele Kriege gegen Rom führte.

Stammbaum des julisch-claudischen Hauses

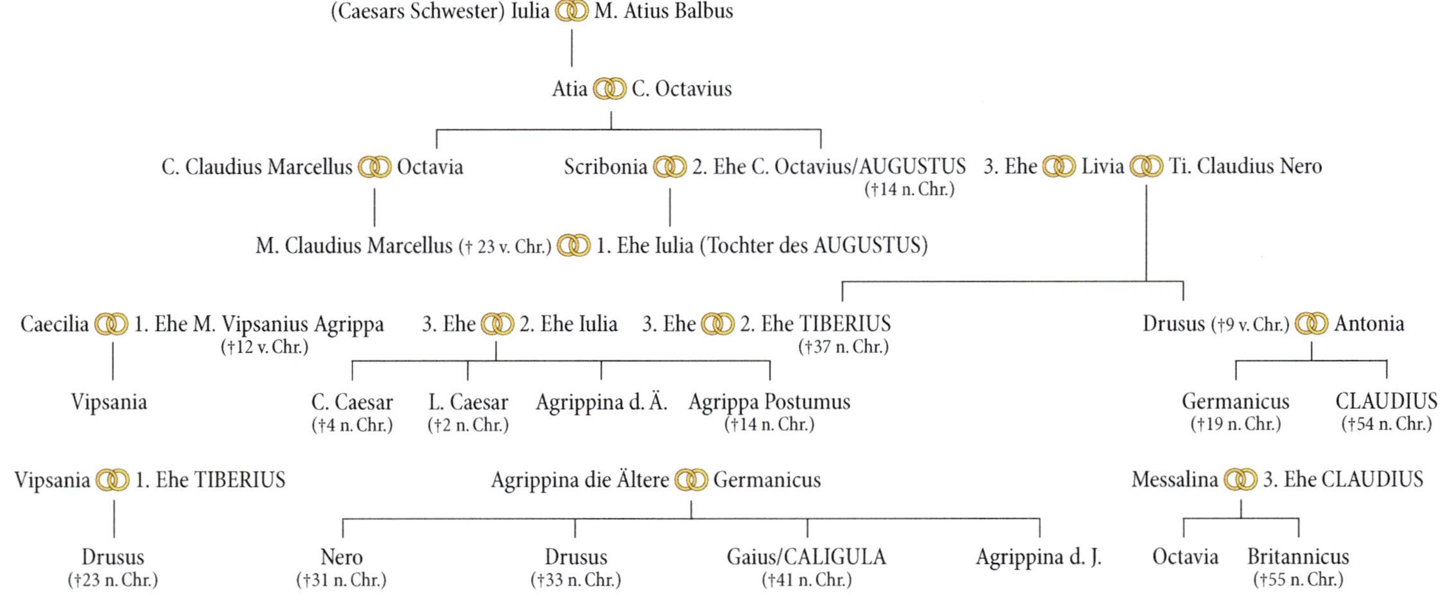